Birgit Maria & Peter Niedner

METATRON

Ausgleich des Karmakontos

111 Fragen und Antworten

Bitte fordern Sie unser kostenloses Verlagsverzeichnis an:

Smaragd Verlag
In der Steubach 1
57614 Woldert (Ww.)
Tel.: 02684-97848-10
Fax: 02684-97848-20
E-Mail: info@smaragd-verlag.de
www.smaragd-verlag.de

Oder besuchen Sie uns im Internet unter der obigen Adresse.

Deutsche Erstausgabe: Januar 2014

Umschlaggestaltung: preData
Satz: preData
Printed in Czech Republic
ISBN 978-3-95531-035-6

Birgit Maria & Peter Niedner

METATRON

Ausgleich des Karmakontos

111 Fragen und Antworten

Smaragd Verlag

Über die Autoren

Birgit Maria und Peter Niedner (MANGATA®) leben in dem Wissen, immer schon unter der bewussten Führung der göttlichen Kraft gelebt zu haben, sind also seit ihrer Kindheit wissend mit der Geistigen Welt verbunden.

Birgit Maria und Peter haben für sich gewählt, die Universellen Gesetze zu leben, und somit göttliche Liebe. In ihrer Einheit ergänzen sich die Fähigkeiten und Neigungen der beiden Medien, die jede Seele dort in Empfang nimmt, wo sie sich auf ihrem evolutionären Weg befindet, und sie mit Liebe stützt und begleitet, ohne Zwänge, Dogmen oder Vorschriften. Birgit Maria und Peter arbeiten in ihrem eigenen Zentrum, geben Seminare und Einzelstunden, channeln, schreiben Bücher, erstellen Buntglasbilder, alles immer und stets im Vertrauen zum göttlichen Sein und in die Führung durch die Geistige Welt.

www.mangata.de

Über die Entstehung dieses Buches

Im Zuge unserer Arbeit als Medien, Heiler und spirituelle Lehrer sind in den letzten Jahren immer wieder Fragen zum Thema Karma an uns herangetragen worden. Es schien also an der Zeit, diese Fragen einmal aufzugreifen und zu beantworten.

Metatron bat uns, die Menschen aufzufordern, ihre Fragen schriftlich zu stellen und uns zuzusenden. Wir formulierten also unsere Bitte: „Was ist euch am Thema Karma unklar?“ und verbreiteten sie über unseren E-Mail-Verteiler, in unseren Seminaren, Vorträgen und Einzelstunden. Viele Menschen griffen unsere Bitte auf, und so machte unser Anliegen in Windeseile die Runde.

Unendlich viele Fragen gingen bei uns ein. Wir waren erstaunt und verblüfft, was wir mit dieser Bitte für eine Reaktion in Gang gesetzt hatten.

Wir hoffen, dass sich aus dieser Ansammlung von Fragen und Antworten ein Schub für das Wissen ergibt, mit dem wichtigen Begriff Karma verständnisvoller umzugehen. Wir wünschen euch viele Erkenntnisse und hoffen, dass euch die Fragen und Antworten das Lesen angenehm und kurzweilig machen.

Lass dich von Metatron begleiten. Tauche ein in seine Antworten und genieße dein neu erworbenes Wissen.

Herzlichst und in Liebe,
Birgit Maria & Peter

VORWORT von Birgit Maria & Peter Niedner

Liebe Leserin, lieber Leser,

wir grüßen dich von ganzem Herzen und freuen uns, dass du dieses Buch in Händen hältst. Wir wünschen uns, dir damit nicht nur Freude zu bereiten, sondern hoffen, dass du neu erworbenes Wissen integrieren kannst, das dich auf deinem Weg bereichert. Sich Wissen bewusst zu machen, ist immer der erste Schritt, um etwas verändern zu können – nicht nur in Taten, sondern vor allem auch in Gedanken.

Hast du dir Wissen über die Gesetzmäßigkeiten des Karmas angeeignet, erschließen sich dir viele andere Dinge von selbst. Denn alles ist mit allem verwoben. Und da auf dieser Erde, innerhalb dieser unserer Inkarnation, die Gesetze des Karmas unumstößliche Gültigkeit haben, greifen sie in jedes andere Thema mit ein, sogar in jedes andere geltende Gesetz dieses Universums.

Erspüre die Worte, erfühle die Inhalte – und lass zu, dass du DEIN Wissen mehren kannst.

Von Herzen und in Liebe,
Birgit Maria & Peter

VORWORT von Metatron

Gott zum Gruße, liebe Freunde.

Dieses Buch hat den Zweck, euch die wichtigsten Fragen zum Thema Karma zu beantworten, um euer Verständnis für die Arbeitsweise von Karma zu vertiefen.

Unendlich viele Fragen wurden gestellt. 111 davon habe ich ausgewählt. Im Auftrag des Vaters entstanden so – in kurzen und knappen Kommentaren, manchmal auch in längeren Texten – die Antworten auf die häufigsten Fragen.

Glaubt mir, es sind die häufigsten Fragen. Wir haben zwar einen Umweg gewählt, um die Menschen zum Fragen zu animieren, tatsächlich aber sind es genau die Fragen, die vielen von euch schon lange auf der Zunge liegen. Viele wurden hier deshalb explizit gestellt, weil es so unendlich viele bereits gegebene Antworten gibt – Thesen, die in Büchern fixiert sind – Worte, die vermeintlich Weise sprechen.

Hier soll nun also Klarheit geschaffen werden, damit Unklarheit weichen kann.

Karma ist die unausgeglichene Energiebilanz zwischen zwei Parteien – zwischen zwei Menschen, zwei Familien, zwei Völkern, einem Menschen und einem Erdteil, einem Menschen und einer Stadt – also jegliche Kombination, die ihr euch vorstellen könnt. Nicht nur Mutter Erde ist ein lebendes Wesen, auch Städte, Dörfer, Landstriche, Erdteile, Kontinente haben ihre eigenen Energien, ihre eigenen Wesenheiten. Wenn jeder dieser Beteiligten nun ein Konto hat, wie kommen diese Konten jetzt in eine „Unausgeglichenheit", und wie sind sie wieder auszugleichen? Darum geht es.

Jede neue Erfahrung, die ihr machen wollt, bringt zwangsläufig „das Problem" Karma mit sich. Wie fühlt es sich an, als Mutter ein Kind zu erziehen, oder es mit zehn Kindern zu versuchen? Wie ist es, als „erfolgreicher" Verkäufer meine Kunden „übers Ohr zu hauen"? Wie ist es, mit großer körperlicher Macht ausgestattet zu sein und damit alle anderen Menschen in meinem Umfeld einzuschüchtern? Wie ist es, als kleine zierliche Frau „ihren Mann stehen zu müssen"? Wie verhält es sich, in finanziell engen Verhältnissen ein liebevolles Leben zu führen? Wie fühlt es sich an, als Einzelkind oder als eins von zehn Kindern aufzuwachsen, mit allen dazugehörigen Vorteilen oder Einschränkungen? Alle Dinge, die ihr in so vielen Leben für eure Seele erarbeitet habt, bringen zwangsläufig karmische Verstrickungen und Verbindungen mit sich.

Lest die Fragen und Antworten mit offenem Herzen. Und versucht immer zu verstehen, worum es wirklich geht und was tatsächlich gemeint ist. Denn seid euch darüber im Klaren: Nicht nur in jeder Sprache dieser Welt sind bestimmte Begriffe unterschiedlich belegt, sondern selbst innerhalb einer Sprache ist die Bedeutung eines Wortes von Region zu Region unterschiedlich – in ihrer Gewichtung, ihrem Ausdruck, ihrer Wirkung. So kann ich mich also nur bemühen, eine Wortwahl zu treffen, die möglichst vielen Menschen eine klare Antwort gibt. Aber letztendlich seid ihr als Lesende, als wissende Seelen, diejenigen, die aus meinen Antworten die richtige Essenz herausfiltern und dadurch Informationen für ihren weiteren Entwicklungsweg erhalten können.

Ich wünsche euch bei der Lektüre und dem Verarbeiten dieser Fragen und Antworten ein offenes Herz und eine gute Verbindung zu eurer Führung, damit ihr möglichst viele klare Informationen mitnehmen könnt, die euch helfen, sichere Entscheidungen auf eurem Weg des Aufstiegs zu treffen.

Gott zum Gruße.

Ich grüße das Göttliche in DIR.

In Liebe für DICH,
Metatron

FRAGE 1

Warum gibt es überhaupt das Konzept „Karma“?

Das Konzept Karma ist eine zwangsläufige Entwicklung, die daraus resultiert, dass das Entwicklungsprinzip hier auf der Erde ist: Mensch, entscheide dich.

Das Entwicklungskonzept der Seele als inkarnierter Mensch besteht darin und beruht darauf, dass es ständig Situationen gibt, in denen die Seele/der Mensch sich entscheiden soll, und diese Entscheidung soll auf der bedingungslosen Liebe basieren.

Da das Leben eine „Übung in bedingungsloser Liebe“ erfordert, geschehen auf dem Weg dieser Übung „Fehler“.

Es gibt keine Seele, die inkarniert und sofort vierundzwanzig Stunden bedingungslose Liebe leben kann. Das ist der Lernprozess dieser vielen Lebenszyklen auf der Erde.

Und da bei jeder Entwicklung immer in irgendeiner Form andere Seelen und Energieformen beeinflusst werden, ergibt sich das Konzept Karma. Es gibt keine Alternative dazu.

☆☆

FRAGE 2

Wie kann ich unterscheiden, ob mit einer Handlung gerade Karma abgebaut oder neues aufgebaut wird?

Während der Inkarnation ist es euch Menschen fast nicht möglich, diese Unterscheidung zu treffen, denn so, wie die Frage gestellt ist, beinhaltet sie auch eine Wertung, ob ich Karma auf- oder abbaue.

Karma ist bei jeder Handlung gegenwärtig, die ihr als Mensch begeht. Wann immer ihr eine Handlung aus der Position der neutralen Liebe heraus tätigt, verändert sich eure Frequenz als Mensch. Damit verändern sich eure Wahrnehmung und eure Entscheidungsfähigkeit in der Neutralität. Und am Ende dieses Lebens, wenn ihr bei den Herren des Karmas in die „Bilanz" des vergangenen Lebens schaut, seht ihr, inwieweit ihr „Konten" habt ausgleichen können.

Eine Mutter, die gestresst ihr Kind ständig nur „lieblos" anbrüllt und herumschubst, baut auf dem Konto „Kind/Mutter" eine andere Energie auf wie eine Mutter, die es schafft, während der Erziehungszeit ihres Kindes ständig aus bedingungsloser Liebe heraus zu handeln. Zu handeln bedeutet in diesem Fall, genauso – in Liebe – klare Grenzen zu setzen wie – in Liebe – mit Bauklötzen zu spielen oder Mandalas zu malen. Alles zu seiner Zeit und zu seinem Zweck. Und ich vermeide an dieser Stelle bewusst, von positivem oder negativem Karma zu sprechen. Es gibt nur Karma.

☆☆

FRAGE 3

Gibt es für das Bearbeiten von Karma spezielle Zeiten im Leben, oder ist es zu jeder Zeit möglich?

Karma wird zu jeder Zeit, in jeder Sekunde der Inkarnation bearbeitet. Die meisten Prozesse dieses Bearbeitens erfolgen allerdings unbewusst. Der inkarnierte Mensch lebt. Und allein durch die Tatsache, dass er lebt, beeinträchtigt er seine Umwelt – Pflanzen, Tiere, andere Menschen. Da es in der Natur der Sache liegt, dass die Menschen, so lange sie inkarniert sind, nicht vierundzwanzig Stunden am Tag bedingungslose Liebe leben können, sind sie ständig dabei, in ihren „Karmakonten“ Bewegung zu verursachen. Mal gleichen sie irgendwo eine karmische Schuld aus, mal bauen sie eine neue auf. Und selbstverständlich gibt es die Möglichkeit, sich mit einem karmischen Thema speziell zu beschäftigen – dieses Thema gezielt anzugehen. Wenn ich also mein Augenmerk auf dieses Thema richte, zum Beispiel Eifersucht, baue ich in jeder Sekunde, in der es mir gelingt, Energien die nicht der Eifersucht entsprechen, aufzubauen, eine Belastung auf dem Karmakonto Eifersucht ab. Je weniger ich meinen „Mitspieler" beleidige, traktiere, in seiner Bewegungsfreiheit einschränke, desto schneller besteht die Möglichkeit, hier mit dem Partner zu einem Ausgleich zu kommen.

Wenn ich in diesem Leben der Erste bin, der sozusagen beim Thema Eifersucht vorlegt, braucht bei der nächsten Inkarnation nicht so viel in Ausgleich gebracht werden. Sollte es in dieser Inkarnation bereits der zweite Versuch sein, das Thema in Angriff zu nehmen, und ich bin jetzt in der gegenüberliegenden Rolle, also derjenige, der eifersüchtig macht, komme ich auch hier schneller zum Ausgleich, weil weniger Energie „Eifersucht" auf dem Konto vorhanden ist. Wenn es mir also gelingt, über bestimmte Techniken meinen Blick und mein Wirken auf ein Thema, das ich bearbeiten will, zu konzentrieren, kann ich selbstverständlich gezielt zu bestimmten Zeiten Karma abbauen.

☆☆

FRAGE 4

Gibt es auch Seelen, die ohne Karma auf die Erde kommen, oder ist Karma immer der Grund für den Eintritt der Seele ins Erdenleben?

Der Grund für den Eintritt einer Seele ins Erdenleben ist, dass sie etwas lernen will, das sich immer außerhalb der Frequenz der bedingungslosen Liebe befindet. Denn in der Frequenz der bedingungslosen Liebe ist sie, so lange sie nicht inkarniert ist. Das heißt: Nur die Seele, die das erste Mal auf der Erde inkarniert, ist zu diesem Zeitpunkt der Inkarnation ohne Karma. Aber bereits mit der Geburt fängt der Aufbau des Kontos Karma an. Die Seele, die geboren wird, hat ein Karma zur Mutter, möglicherweise zur Hebamme, zum Arzt, zu allen an der Geburt Beteiligten und vom ersten Tag an zu allen Menschen, die ihr helfen, überhaupt auf der Erde zu existieren. Kein neugeborenes Kind ist ohne die Unterstützung einer anderen Seele, eines anderen Menschen, lebensfähig. Wenn diese Seele nicht lebensfähig ist, kann sie keine Erfahrungen machen, hätte also ihren Zweck verfehlt.

Es gibt allerdings eine Ausnahme: Wenn eine Seele beschließt, einer anderen Seele oder Seelengruppe als Lehrer zur Verfügung zu stehen und sich darum entscheidet – in Absprache –, noch einmal kurz auf die Erde zu kommen, um zum Beispiel tot geboren zu werden. Wenn dieses Kind keine Lebenszeit auf der Erde zubringt, baut seine Seele auch kein Karma auf. Das ist die einzige Ausnahme. Aber genau betrachtet ist diese Seele im normalen Sprachgebrauch und in der Wortbelegung nicht tatsächlich auf der Erde inkarniert. Sie ist nicht wirklich auf der Erde geboren worden.

Auch hier gestattet mir den Hinweis: Es gibt diverse Feinheiten, wie Seelen auf der Erde wirken können, in der Zeit, bevor sie den Mutterleib verlassen, oder in Zeiten, bevor sie in die Leibesfrucht eindringen und so inkarnieren. Das würde aber den Rahmen dieser Abhandlung sprengen.

☆☆

FRAGE 5

Wann löst die Gnade Karma auf?

Gnade löst Karma niemals auf. Karma löst sich nur durch den Ausgleich auf. Das, was euch Menschen manchmal so erscheint, hat mit Wirkungsweisen auf anderen Ebenen zu tun. Ihr habt eine bestimmte karmische Verbindung in Ausgleich gebracht. Die dazugehörigen Informationen sind aber noch für lange Zeit in eurem feststofflichen System verankert und pulsieren ständig aus diesen feststofflichen Zellen in euer Universum. Erst wenn auch hier aufgrund der biologischen Erneuerung die letzten Zellen eliminiert sind, in denen die alten Informationen enthalten waren, löst sich dieser Impuls tatsächlich auf, und es kommt euch dann so vor, als hätte sich, sozusagen aus heiterem Himmel, eine karmische Verbindung aufgelöst. Die Auflösung ist im Prinzip also weit früher initiiert worden.

Bedenkt bitte, dass die feststofflichen Zellen, die sich am Längsten in eurem feststofflichen Körper aufhalten, bis zu sieben Jahren wirken. Und wer lange Haare trägt, die möglicherweise dreißig Jahre alt sind, pulsiert über die eingelagerten Informationen in diesen feststofflichen Zellen dreißig Jahre lang die Information in seine Aura.

☆☆

FRAGE 6

Gibt es Übungen, die ich allein für mich machen kann, die mein Karma erlebbar, die Erinnerungen an den Vorgang, der das Karma aufgebaut hat, wieder sichtbar machen und aus dem Unbewussten ins Bewusste bringen?

Solche Übungen gibt es selbstverständlich. Es gibt unterschiedliche Formen der Meditation, um an diese Informationen und Bilder zu gelangen. Wer sich um seinen Aufstieg bemüht und bereit ist, an sich zu arbeiten, wird auf die für ihn zu diesem Zeitpunkt geeigneten Techniken stoßen. Da es viele unterschiedliche Methoden gibt, möchte ich hier keine einzeln anführen.

☆☆

FRAGE 7

Warum wird auf unserer Welt so viel gemordet und gefoltert?

Die mordenden und folternden Seelen sind in der Regel verhältnismäßig jung. Und auch wenn es euch schwerfällt, dieses zu akzeptieren, sage ich euch: Es gibt eine Absprache zwischen dem Folterknecht und dem Opfer. Beide wissen bereits bei der Geburt, bei dem Vorgang der Inkarnation, was hier auf sie zukommen kann.

Jeder Mensch hat in jeder Sekunde seines Lebens die freie Entscheidung, seine Lebensweise zu ändern. So kann also derjenige, der mit der Absicht, als Folterknecht in diesem Leben Erfahrungen machen zu wollen, sich durchaus entscheiden, auf diese Erfahrung zu verzichten. Und genauso ist es möglich, dass eine Seele, die sich bereit erklärt hat, einem Folterknecht zur Verfügung zu stehen, sich entscheidet, in diesem Leben einen anderen Weg zu gehen. Aber so lange junge Seelen auf die Erde nachrücken und der Zyklus erhalten bleibt, dass Menschen auf der Erde den kompletten Weg der Inkarnation durchmachen, bis zu dem Punkt, an dem sie es schaffen, vierundzwanzig Stunden am Tag bedingungslose Liebe zu leben und dann ein Aufgestiegener Meister zu sein, wird es Krieg, Mord und Folter auf der Erde geben.

FRAGE 8

Wann hört das Abarbeiten von Karma auf?

Wenn die Menschen es schaffen, vierundzwanzig Stunden am Tag bedingungslose Liebe zu leben, haben sie alle karmischen Kontostände bearbeitet.

☆☆

FRAGE 9

Bearbeiten wir nur unser eigenes Karma, oder übernehmen wir auch Karma von anderen?

Jeder Mensch bearbeitet während seiner Lebenszeit auf Erden nur seine eigenen karmischen Verbindungen. Es ist keinem Menschen, **keinem Menschen!**, möglich, und auch keinem Wesen aus der feinstofflichen Welt, karmische Verbindungen eines anderen Menschen zu bearbeiten. Kein Mensch kann einem anderen karmische Verbindungen erlassen, sie auflösen oder sonstwie für ihn ausgleichen! Selbstverständlich kann ein Mensch einem anderen bei seinem Prozess des Wachstums und damit dem Ausgleich der karmischen Konten zur Seite stehen, aber niemand kann für eine andere Wesenheit Karma auflösen, erledigen, abgelten, in Ausgleich bringen.

FRAGE 10

Warum gibt es überhaupt so etwas wie Karma? Dient es einer höheren Gerechtigkeit?

Wenn ihr einmal genau hinschaut, stellt ihr fest, dass das System Erde Gesetzmäßigkeiten unterliegt, die ihr als Menschen der Physik zuschreibt. Zu den physikalischen Gesetzen gehört es, dass, wenn ich Energien bewege, dies immer in irgendeiner Form zu einer Wirkung führt. Nachdem eigentlich klar ist, dass jede Seele gleich viel wert, gleich wichtig ist, sie letztendlich, nachdem sie den Prozess auf der Erde durchschritten hat, in der gleichen Frequenz schwingt, nämlich: „Ich habe es geschafft, vierundzwanzig Stunden am Tag bedingungslose Liebe zu leben", geht es gar nicht anders, als dass die Seelen, die miteinander diesen Prozess des Aufstiegs erarbeiten, durchschreiten, so etwas wie eine Kontoführung haben, damit es gerecht zugeht und jede Seele weiß, wo sie noch etwas in Ausgleich zu bringen, also zu bearbeiten hat.

☆☆

FRAGE 11

Gilt Karma überall, das heißt, nicht nur in diesem Universum?

Die Gesetze des Karmas in der Form, wie wir sie jetzt hier besprechen, gelten nur in diesem Universum, nur im Zusammenhang mit den als Menschen inkarnierten Seelen. In anderen Universen mit anderen Lebens- und Lernformen sind auch andere karmische Gesetze gültig.

☆☆

FRAGE 12

Hat man jemals die Chance zum kompletten Ausgleich? Geht das überhaupt, wenn schon Gedanken karmisch wirken?

Ja. Die Chance ist selbstverständlich vorhanden, sonst würde es keine Aufgestiegenen Meister geben. Wenn ich es schaffe, vierundzwanzig Stunden bedingungslose Liebe zu leben, setzt das voraus, dass ich vierundzwanzig Stunden am Tag bedingungslose Liebe denke. Wenn ich bedingungslose Liebe denke, lösen sich alle karmischen Verbindungen auf.

FRAGE 13

Kann Gott entscheiden, einer Seele Karma zu erlassen oder es für sie aufzulösen?

Ja. Theoretisch kann der Vater das. Aber als liebender Vater, für den Zeit keine Rolle spielt, der Geduld hat ohne Ende, wird er es nicht tun. Warum sollte er? Jeder Mensch hat das Recht auf seinen ureigenen Entscheidungsweg. Und so lange er braucht, bis er es schafft, bedingungslose Liebe unentwegt zu leben, so lange dauert es eben.

☆☆

FRAGE 14

Wie muss ich mir die Wächter, die Herren des Karmas, vorstellen? An welcher Stelle treten sie auf beziehungsweise wann und wo trifft die Seele auf sie?

Die Herren des Karmas sind so etwas wie Buchhalter. Sie bewerten nicht, sondern notieren nur. Sie haben keinerlei Einfluss auf das Karma. Wenn die Seele nach dem Tod den Körper verlassen hat, durch die unteren Astralebenen aufgestiegen ist und den Styx, den brennenden Fluss, durchschritten hat, trifft sie auf die Herren des Karmas. Hier schaut sie „in die

Bücher" und betrachtet, welche der Lernerfolge, die sie sich vorgenommen hat oder nicht, sie in diesem Leben erreicht hat. Das ist der Sinn und Zweck der Herren des Karmas. Sie sind so etwas wie die Banker des Karmas, allerdings ohne zu spekulieren oder in irgendeiner Form Einfluss zu nehmen.

☆☆

FRAGE 15

Kann ich Karma für meine Ahnen/Vorfahren oder auch für meine Nachkommen/Kinder auflösen und bearbeiten?

Nein. Es ist keiner Seele möglich, für eine andere Seele Karma abzuarbeiten oder sozusagen als Sparguthaben vorzulegen. Grundsätzlich. Möglich ist es natürlich, den Kindern, so gut es geht, Techniken, Vorgehensweisen, zu vermitteln, mit denen sie dann ihr Karma selbst bearbeiten können.

☆☆

FRAGE 16

Es gibt häufig Angebote: Ich löse dein Karma auf – mit Hilfe von Ritualen, Gebeten, Wesen aus der Geistigen Welt oder Heilungstechniken – in einer Stunde, an einem Abend oder während eines einwöchigen Seminars. Ist es wirklich so einfach? Kann Geistheilung in irgendeiner Form hier tatsächlich helfen?

Geistheilung, also das Zuführen von Energie von außen, in Form von Gebeten, Ritualen, Handauflegen, Essenzen usw., kann nur helfen, deine eigene Frequenz für einen gewissen Zeitraum zu beeinflussen, im positiven Fall „anzuheben“, und dir dadurch vielleicht die Möglichkeit geben, schneller zu Einsichten zu gelangen. Diese Einsichten, Erkenntnisse, kannst du dann gezielt bearbeiten und so zu einer Auflösung des Karmas gelangen.

☆☆

FRAGE 17

Hat die veränderte Schwingung von Mutter Erde Einfluss auf die Geschwindigkeit der Bearbeitung des Karmas?

Die Frequenz von Mutter Erde hat sich in den letzten Jahren verändert. Mutter Erde schwingt in sich hochfrequenter als früher. Das ist für euch Menschen in den meisten Fällen nicht wirklich von Bedeutung. Aber: Extrem langwellige Energiefelder wie Zorn, Wut, Hass, aber auch die karmischen Energieansammlungen wie Mord oder Krieg, führen in der höher schwingenden Erde zu einer großen Spannung.

Stellt euch vor, ihr habt ein Glas, in dem zur Hälfte Wasser ist und zur anderen Hälfte Öl. Mit viel Energie könnt ihr diese beiden Flüssigkeiten verquirlen und den Eindruck einer homogenen Flüssigkeit erwecken. Aber diese beiden vollkommen unterschiedlichen Flüssigkeiten trennen sich sofort wieder, wenn ihr aufhört, sie zu rühren. Es gibt eine Spannung zwischen dem Öl und dem Wasser.

Mutter Erde ist letztendlich der Körper, der in sich als Körper und in seiner Atmosphäre als Aura alle diese Spannungen ertragen muss und auch erträgt. Aber durch ihren Anstieg in der Frequenz erhöht sich das Spannungsfeld zwischen Mutter Erde und diesen langwelligen Frequenzen, diesen niederfrequent schwingenden Energien. Aufgrund der großen Masse von Mutter Erde und der Tatsache, dass immer mehr Menschen beginnen, bewusst den Weg der bedingungslosen Liebe zu gehen, geraten diese niederfrequent schwingenden Energien unter massiven Druck. Und so werden die Menschen, die mit ihnen zu tun haben, sozusagen durch den Druck von außen dazu gebracht, sich schneller mit dieser Thematik zu beschäftigen und die karmischen Energien aufzulösen. Mutter Erde, unterstützt durch die immer mehr bewusst lichtvoll lebenden Seelen, beschleunigt also den karmischen Ausgleichsprozess, aber – um es ganz klar zu sagen – der Aufstieg von Mutter Erde „erlässt“ niemandem, keiner Seele, die Arbeit, sich ihre karmischen Felder anzuschauen und selbst dafür zu arbeiten, dass sie in den Ausgleich kommen. Auch Mutter Erde kann für niemanden Karma bearbeiten. Sie kann sozusagen nur „Druck“ ausüben, damit die entsprechenden Seelen sich mit diesen ihren Themen beschäftigen.

☆☆

FRAGE 18

Warum wird heute immer noch von Karma gesprochen, wenn doch schon gesagt wurde, dass es Karma nicht mehr gibt?

Wer sagt, dass es Karma nicht mehr gibt? Jeder Mensch hat seine freie Entscheidung. Bei so wichtigen Fragen, geliebte Seele, begib dich in die Stille und überprüfe mit deinem Herzen und deinem Wissen – mit deiner emotionalen Wahrnehmung und deinem Wissen –, welcher der richtige Weg für dich ist. Wenn du der Meinung bist, es gibt kein Karma mehr, dann lebe diesen Weg. Wenn du meinst, Karma existiert nach wie vor, dann bemühe dich, es auszugleichen.

☆☆

FRAGE 19

Wenn Dinge in diesem Leben für mich besonders schwer sind, haben sie dann etwas mit Karma zu tun?

Ja und nein. Bleiben wir bei dem bereits erwähnten Beispiel mit der Eifersucht. Wenn du dich in diesem Leben extrem schwertust mit dem Thema Eifersucht, du also besonders eifersüchtig bist, dann heißt das in erster Linie, dass du dich mit diesem Thema schon sehr lange beschäftigst – der Unterscheidung zwischen bedingungsloser Liebe und besitzergreifender Liebe –, Liebe unter dem Aspekt der Macht, des Macht-Ausübens. Wenn du dich schon viele Leben mit diesem Thema beschäftigt hast, hast du zwangsläufig in diesen Leben auch dazugehöriges Karma aufgebaut, denn du hast ja immer einen Mitspieler gebraucht, an dem du mit diesem Thema gemeinsam arbeiten konntest. Es hat sich also aus diesen vielen Leben zwangsläufig eine karmische Energieansammlung ergeben. Ich benutze extra dieses komische Wort, um nicht in „Schuld“, „schlechtes“ oder

„gutes“ Karma zu verfallen. Es gibt, wie schon oft gesagt, kein gutes oder schlechtes Karma. Es gibt nur Karma. Möglicherweise ist dein Mitspieler in diesem Leben beim Thema Eifersucht schon zum fünfzigsten Mal dein Partner. Vielleicht hast du ihn schon zehnmal aus Eifersucht umgebracht, ihn ertränkt, vergiftet, erstochen, die Klippe hinuntergestoßen usw. Also existiert aus diesen Verbindungen heraus viel Karma, das es auszugleichen gilt.

Aber auch das haben wir schon mehrfach gesagt: Möglicherweise habt ihr in den fünfzig Leben davor andersherum agiert – der, der jetzt eifersüchtig ist, hatte in den Leben einen eifersüchtigen Partner, oder ihr habt es im Wechsel gemacht. Karma ergibt sich aus dem Zusammenarbeiten von zwei oder mehreren Seelen. Karmische Verbindungen sind immer nur zwischen den beiden Seelen, die es betrifft, aufzulösen, auszugleichen. Aber dass du dich jetzt so schwertust, hat auch damit zu tun, dass du schon so lange an diesem Thema arbeitest und es sich immer mehr verkompliziert, verfestigt hat und DU immer sturer deinen Standpunkt zu verteidigen suchst. Es ist der gleiche Lernprozess wie bei vielen anderen, eigentlich bei allen Dingen, mit denen ihr Seelen auf der Erde euch beschäftigt – das Bearbeiten eines Themas aus allen Richtungen und in allen Schattierungen. Beim Thema Eifersucht zum Beispiel auch die Eifersucht unter Geschwistern, unter Arbeitskollegen, unter Sportskameraden usw.

FRAGE 20

Wenn ich mich in einem Leben schwertue, Freunde zu finden oder eine Außenseiterposition habe, hat das mit Karma zu tun?

Sich in einer Außenseiterposition zu befinden, hat in allererster Linie immer etwas damit zu tun, welche Lerneffekte darin verborgen sind. Als Superstar in Sachen Musik oder Sport hast zu zweifellos eine Außenseiterposition. Sie hat aber für dich den Effekt, dass du lernst, mit der Macht umzugehen, die du als Vorbild hast, als jemand, der kopiert wird – egal, ob als Sportstar oder berühmter Schauspieler/Musiker. Du hast in dieser herausgehobenen Position auch die Möglichkeit, extrem gut als Lehrer zu dienen und damit viele Menschen zu erreichen.

Überlegt in diesem Zusammenhang einmal, wie viele Menschen der Künstler Michael Jackson erreicht hat – mit seinen Texten, seiner Lebensweise, und letztendlich auch, wie viel Freude er unter die Menschen gebracht hat, die seine Konzerte besucht und seine Musik gehört haben. Dass er in dieser Außenseiterposition auch viel gelernt hat über den Umgang mit Menschen, wie Menschen miteinander umgehen und manipuliert werden, wie Pressemitteilungen/Berichterstattungen manipuliert werden, all das gehört in dieses Konzept der Außenseiterposition.

Außenseiter auf anderen Ebenen haben andere

Themen. Aber vom System her bleibt es gleich. Herausragende Mathematiker zum Beispiel, die aber möglicherweise große Sprachprobleme haben, oder umgekehrt: herausragende Künstler, die Bilder von unglaublicher Ausdrucksstärke malen können, aber nicht in der Lage sind, einen einzigen Satz fehlerfrei zu schreiben. Auch sie sind in einer Außenseiterposition. Hier gibt es viel, was sie lehren und lernen können.

Karmische Verstrickungen ergeben sich in diesen Fällen dann natürlich zum Beispiel zwischen dem Journalisten, der nicht korrekt berichtet, und dem Künstler, von dem er berichtet. Die Menschen, die die Schwächen eines anderen ausnutzen, um sich selbst einen Vorteil zu verschaffen. Überlegt euch, welche Möglichkeiten des Zusammenspiels sich hier ergeben, und ihr erkennt, wie viele Möglichkeiten vorhanden sind, Karma zu erschaffen.

☆☆

FRAGE 21

Wenn ich in meinem Leben von meinem alkoholkranken Vater dauernd geschlagen werde, hat das etwas mit Karma aus einem früheren Leben zu tun?

Ob es mit Karma aus einem früheren Leben zu tun hat? Wahrscheinlich. Es ist allerdings auch möglich, dass du als Kind, das geschlagen wird, dich in diesem Leben bereit erklärt hast, deinem Vater, der mit seiner Alkoholkrankheit lernen will, die ja letztendlich auch eine Flucht ist und mangelnde Selbstliebe usw. (wir wollen hier jetzt nicht auf die dahinterliegenden Krankheitsbilder und energetischen Zusammenhänge eingehen), dass du ihm also als Lehrer zur Verfügung stehst. Entweder gleichst du in diesem Leben etwas aus, weil du vielleicht im letzten oder vorletzten Leben der „schlagende Vater" warst, oder du gehst sozusagen „in Vorleistung", und es wird zu einem anderen Zeitpunkt ausgeglichen.

Du hast als Kind, das geschlagen wird, aber ab einem gewissen Zeitpunkt auch die Möglichkeit, dich aus diesem Umfeld zu lösen. Du hast die Möglichkeit, in der Pubertät und spätestens mit der Volljährigkeit, dich damit auseinanderzusetzen, wie es war in der Kindheit – wie du jetzt mit deinem Vater verkehrst, ob du in der Lage bist, aufgrund der bedingungslosen Liebe zu erkennen, welche Programme bei ihm gelaufen sind und warum er dich geschlagen hat, ob du in der Lage bist, in das Vertrauen zu gehen, dass sich aufgrund der karmischen Gesetze das alles irgendwann ausgleichen wird.

Ist es also notwendig, dass du bis an dein Lebensende deinem Vater nachträgst, wie er sich in deiner Kindheit verhalten hat, oder kannst du in die Neutralität der bedingungslosen Liebe gehen und ihn eines Tages so betrachten, wie er ist, erkennen, dass auch in ihm das Licht Gottes leuchtet, der göttliche Funke existiert, er sich in diesem Leben nur entschlossen hat, in dieser Rolle zu leben?

Gerade wenn Kinder leiden, fällt es euch inkarnierten Menschen immer sehr schwer, die karmischen Verstrickungen und Windungen in neutraler Liebe zu betrachten. Hier habt ihr eine gute Möglichkeit, einmal von allen Seiten die Verbindungen und Möglichkeiten, die in solch einer Zweierbeziehung stecken, zu betrachten. Schaut euch dann auch das weitere Umfeld an. Zu dem schlagenden Vater gehört eine Mutter, die es „durchgehen“ lässt. Möglicherweise gehören zu dem Umfeld Großeltern, die nicht einschreiten, ältere Geschwister, die aufgrund ihrer körperlichen Konstitution in der Lage wären, dem Treiben des schlagenden Vaters Einhalt zu gebieten. Viele Möglichkeiten, karmische Verbindungen zu betrachten und zu bearbeiten, verbergen sich in dieser Situation.

☆☆

FRAGE 22

Was ist mit seelischen und körperlichen Krankheiten? Sind sie Karma?

Gerade bei Krankheiten fällt es euch inkarnierten Seelen immer sehr schwer, in den Feldern der Neutralität zu bleiben. So möchte ich euch daran erinnern, dass jede Seele, bevor sie inkarniert, ihre vorgeburtliche Vision entwickelt, sich mit anderen Seelen abspricht, mit denen sie in diesem Leben gemeinsam arbeiten will, und sich genau überlegt, unter welchen Voraussetzungen und Bedingungen sie inkarniert. Nicht nur in welchem Erdteil, in welcher Stadt oder Gegend, sondern auch bei welchen Eltern, in welcher Familie, in welchem Clan, in welchem sozialen Umfeld und selbstverständlich unter welchen körperlichen Voraussetzungen, ob Mann oder Frau, groß oder klein, dick oder dünn, als Frau mit großer oder kleiner Brust, mit breiter oder schmaler Hüfte. Alle diese Dinge werden vorher genau überlegt, um ein Optimum zu erreichen als Voraussetzung für das, was in diesem Leben erarbeitet werden soll.

Menschen, die mit körperlichen oder geistigen Einschränkungen geboren werden, erfüllen immer zwei Funktionen: Sie bearbeiten auf der einen Seite ein karmisches Feld, sind auf der anderen Seite aber in aller Regel hervorragende Lehrer.

Wenn Menschen viele Leben erfolglos damit zugebracht haben, sich auf ihre emotionale Wahrnehmung zu verlassen, also ihrem Bauch, ihrem Geruch, ihrem Gehör und ihrem gesamtem Gespür zu vertrauen, sondern immer nur darauf geachtet haben, was sie mit ihren feststofflichen Augen sehen können, wird das Augenlicht möglicherweise eingeschränkt. Um nun, wenn alle Versuche fehlgeschlagen sind, hier zu einem Ausgleich zu kommen, also nicht nur den Augen, sondern auch den anderen Informationsquellen zu vertrauen, werden sie eines Tages blind, möglicherweise auch als blindes Kind geboren. Unter dieser Voraussetzung haben sie keine andere Wahl, als zu lernen: „Wie fühlt sich etwas an?" „Wie riecht etwas?" „Was kann ich über das Gehör wahrnehmen?" „Was sagt mir meine intuitive Wahrnehmung?". Hier ist also EIN karmischer Aspekt. Dass ein Kind, das blind geboren wird, eine besondere Aufmerksamkeit der Eltern und des sozialen Umfelds benötigt, sich also mehrere Menschen während seines Heranwachsens seiner in besonderer Weise annehmen müssen, ist dann der nächste karmische Aspekt.

Und dann schaut euch einmal an, was diese Kinder als Lehrer für ihr Umfeld bewerkstelligen. Sie bringen ihre Eltern zum Beispiel dazu, Geduld zu haben. Wenn ich ein besonders ungeduldiger Elternteil bin, möglicherweise schon mit drei Kindern nicht die nötige Geduld hatte und jetzt ein Kind bekomme, das blind ist oder möglicherweise geistig behindert, lerne ich sehr schnell, dass ich mit Ungeduld nichts erreiche, sondern nur mit Geduld und Liebe. Was für wunderbare, großartige Lehrer sind also diese Menschen.

☆☆

FRAGE 23

Karma klingt als Wort so bedrohlich, wie Rache oder Vergeltung für etwas Böses, das man getan hat. Zu dieser Vorstellung passt die bedingungslose Liebe Gottes aber überhaupt nicht.

Genauso ist es. Karma hat nichts mit Rache oder Vergeltung zu tun, sondern es ist einfach ein Ausgleich, der zwischen Seelen stattfindet, die miteinander arbeiten und wachsen. Nehmt euch Beispiele aus dem täglichen Leben, die euch geläufig sind: Es baut jemand ein Haus und vermietet euch darin eine Wohnung. Er hat also Energie aufgewendet, egal, ob in Form von Geld oder Arbeitsstunden, Schweiß, Tränen und Rückenschmerzen vom Steine schleppen. Ihr zieht in diese Wohnung ein und bringt Energie auf in Form von Geld. Oder weil ihr für diesen Menschen arbeitet, so, wie es früher war, dass jemand Knecht oder Magd auf einem Bauernhof war und dafür Kost und Logis und ein wenig Taschengeld bekam.

Es war also klar besprochen: Du bekommst von mir dieses, und ich bekomme jenes. Wenn jemand jetzt eine bereitgestellte Wohnung nutzt, ein halbes Jahr lang keine Miete zahlt und dann bei Nacht und Nebel verschwindet, hat er schlichtweg Karma aufgebaut. Er hat den energetischen Ausgleich gegenüber dem Menschen, der ihm die Wohnung zur Verfügung gestellt hat, nicht herbeigeführt. Und genauso verhält es sich mit allen anderen karmischen Konten. Hier ist Karma nichts Bedrohliches, sondern nur ein Wort für die Unausgeglichenheit energetischer Konten.

☆☆

FRAGE 24

Karma ist Ausgleich! Wofür? Für gute und schlechte Taten oder auch für gute und schlechte Gedanken, für Gefühle von Hass oder Liebe?

Selbstverständlich bauen auch Gedanken und Gefühle Energiefelder auf. Diese richte ich auf einen Menschen, eine Gruppe oder eine Institution und schiebe ihr somit eine bestimmte Energie zu. Diese kann liebevoll sein oder hasserfüllt. So komme ich zwangsläufig in die Situation, dieses in irgendeiner Form irgendwann ausgleichen zu müssen. Allerdings sind diese Energien leichter auszugleichen als die von Taten. Wenn ich mich jetzt hier bemühe, ein Beispiel zu finden, dann fällt mir ein: Vergleicht es vielleicht mit Menge. Es ist leichter, ein Zahnputzglas Wasser aufzuwischen als ein ausgelaufenes Aquarium mit fünfhundert Litern Wasser. In beiden Fällen muss ich einen Fußboden trockenlegen, aber bei der kleineren Menge geht es schneller. Gedanken und Gefühle, so lange sie nicht in riesigen Mengen irgendwohin geschoben werden, sind schneller wieder auszugleichen. Klar ist, wenn ich fünfhundert Liter Wasser über den Umweg von einigen Zahnputzbechern oder Eimern Wasser ausschütte, habe ich letztendlich die gleiche Menge an Energie. Wer also beständig seinen Hass auf irgendjemanden schürt, zum Beispiel wenn jemand fünfzig Jahre lang auf seinen kleinen oder großen Bruder einen Hass hat und ihn jeden Tag schürt und seinen Geschwisterteil mit diesem Hass „zuschüttet", ist das auch eine Menge Energie, die ausgeglichen werden muss.

☆☆

FRAGE 25

Heißt Karma, unrettbar seinen früheren Taten ausgeliefert zu sein?

Unrettbar ist wieder ein von euch Menschen negativ belegtes Wort. Nehmt das Beispiel Geld. Wenn ihr irgendwo Schulden habt, müsst ihr irgendwann diese Schulden bezahlen. Das ist so. Hier geht kein Weg dran vorbei.

☆☆

FRAGE 26

Ist es in dieser Inkarnation das Ziel von uns, sämtliches Karma aufzulösen?

Rein theoretisch besteht in jeder Inkarnation die Möglichkeit, alles Karma auszugleichen. Aber auch nur rein theoretisch. Je älter ihr als Seelen werdet, desto mehr Karma häuft ihr an, bis zu einem gewissen Zeitpunkt, sozusagen dem Zenit. Wenn das Erkennen um die Zusammenhänge einsetzt, ihr also anfangt, euch intensiv zu bemühen, ein Leben in bedingungsloser Liebe zu leben, nimmt dieser Berg an Schulden ab. Irgendwann seid ihr dann im letzten Leben an dem Punkt, an dem es nur noch um die eine oder andere „Baustelle" geht, die zu bearbeiten ist. Wenn ihr das geschafft habt, seid ihr in der Lage, vierundzwanzig Stunden am Tag bedingungslose Liebe zu leben und habt vorher alle karmischen Konten ausgeglichen. Und so gelingt es euch dann eines Tages, in **einem** Leben die letzten karmischen Verpflichtungen aufzulösen.

☆☆

FRAGE 27

Können wir auf die Erde wiederkehren, auch wenn wir kein Karma mehr aufzulösen haben? Jetzt, wo das Goldene Zeitalter bevorsteht, die Erde sich verwandelt und das Leben nur noch im Zeichen der Freude und Selbstverwirklichung im eigenen Sein steht?

Jede Seele kann auf der Erde inkarnieren. Wenn du die Pfade der Inkarnation auf der Erde hinter dir hast, es also geschafft hast, vierundzwanzig Stunden am Tag bedingungslose Liebe zu leben, bist du ein Aufgestiegener Meister. Du hast ALLE Energien der Erde gemeistert. Das ist das, was sich in diesem Wort verbirgt. Es kommt gelegentlich vor, dass ein Aufgestiegener Meister auf der Erde inkarniert, um als Lehrer tätig zu sein. Er kann dann als Lehrender in Wort und Schrift auf der Erde wandeln, oder durch das, was er vorlebt. Diese Möglichkeit besteht und wird gelegentlich genutzt.

Mit dem zweiten Teil der Frage ist es schwieriger. Es ist mein Wunsch und mein Auftrag, euch Informationen zur Verfügung zu stellen und nicht manipulativ in eure Gedankenwelt, eure Gefühlswelt und euer Universum einzugreifen. Ob die Erde sich jetzt global zu einem Paradies entwickelt, das, geliebte Seele, musst du für dich selbst herausfinden. Bedenke dabei aber: Wenn die Erde sich in ihrem Wesen massiv verändert, bedeutet das zwangsläufig, dass in Zukunft keine einzige junge Seele mehr nachrutschen kann, um all die Erfahrungen hier auf der Erde zu machen, die DU als Seele hast machen dürfen.

☆☆

FRAGE 28

Wie kann man Karma am schnellsten auflösen?

Karma kann am Schnellsten aufgelöst werden, indem eine inkarnierte Seele lernt, karmische Verbindungen zu erkennen und diese dann gezielt abzuarbeiten.

☆☆

FRAGE 29

Ist es möglich, Karma aufzulösen, indem ein anderer für mich „die Last“ meines Karmas durchlebt und ich ihn dafür mit Geld oder anderen Taten „entlohne“?

Das ist wieder eine der Fragen, bei der jeder Einzelne auf sich selbst hören sollte. Also nehmt euch einen ruhigen Moment und spürt in diese Antwort genau hinein. Mehrfach haben wir geklärt, erklärt, dass Karma letztendlich so etwas ist wie das unausgeglichene Energiekonto zwischen zwei Wesen. Geld ist auch nur eine Energie. Eigentlich müsste es also gehen. ICH entlohne jemanden dafür, dass er für mich etwas erledigt. Es wäre eine ähnliche Vorgehensweise, als wenn ihr bei einem Schreiner einen Tisch kauft: Er fertigt den Tisch, weil er weiß, wie es geht, ihr bezahlt ihn dafür, und damit ist das Konto ausgeglichen.

Entscheidend ist jedoch ein großer Unterschied: Wenn ihr selbst schon ein oder mehrere Leben als Schreiner hinter euch gebracht oder für die Zukunft geplant habt, ein Leben als Schreiner zu führen, um zu lernen, wie man Tische baut, verfügt eure Seele über dieses Wissen, diese Erfahrung, und ihr braucht sie nicht noch einmal zu machen. Bei der Auflösung von Karma ist es etwas problematischer. Wie wollt ihr jemanden dafür entlohnen, sich für euch erschießen zu lassen, bei einem Banküberfall geängstigt zu sein oder andere Erfahrungen dieser Art zu machen? Ihr könnt zwar über einen Energiefluss, welcher Art auch immer, für einen energetischen Kontoausgleich sorgen, aber euch fehlt dann das Wissen, die Erfahrung, die damit verbunden ist. Wenn ihr alle eure Inkarnationen damit verbringen würdet, Landwirt/Bauer/Farmer zu sein und mit diesem sicherlich dann in Perfektion beherrschten Wissen und Können Geld verdienen würdet, um alle Dinge zu kaufen, die ihr braucht, würde sich die Reihe eurer Inkarnationen sozusagen in unendliche Länge ziehen, denn euch fehlt das Wissen als Schreiner, Zimmerer, Steinmetz, Bäcker usw.

☆☆

FRAGE 30

Wenn ich aus Unbewusstheit anderen Menschen Leid zufüge, zum Beispiel, indem ich aus einer Beziehung fliehe oder anderen meine negativen Urteile an den Kopf werfe, häufe ich dann neues Karma an?

Fast alles Karma wird unbewusst aufgebaut. Keine inkarnierte Seele, kein Mensch, begeht eine Tat und sagt: Ich mache das jetzt, um Karma aufzubauen. Das ist eine Begleiterscheinung des Lebens auf der Erde. Ihr lebt und seid den Gesetzmäßigkeiten, den Zwängen, den in die Erde eingewebten Regeln unterworfen und lebt euer Leben. Dabei berührt ihr immer wieder die Sphären anderer Menschen. Ihr seid, und das ist vollkommen unvermeidlich, immer in das Universum eurer Mitmenschen eingebunden. Ihr spielt eine Rolle in ihrem Leben, in ihrem Universum. So kommt es zwangsläufig immer zu einer Wechselwirkung.

Also: Karma wird in aller Regel unbewusst aufgebaut. Ob ein Mensch, entsprechend dieser Frage, der eine Beziehung verlässt, dann Karma aufbaut, weil er den Menschen, den er verlässt, mit Schmerzen,

Seelennöten, Existenzängsten und all diesen Gefühlen und Emotionen zurücklässt, oder ob er Karma abbaut, weil es in diesem Vorgang um einen Ausgleich gegangen ist, hängt vom „Kontostand“ ab. Aber entscheidend ist doch auch: Auf welche Art und Weise verlasse ich eine Beziehung? Gehe ich aus einer Beziehung mit wüsten Beschimpfungen, mit großen Folgen, also verlässt beispielsweise der wohlhabendere Partner den anderen und lässt ihn in Armut und finanziellen Sorgen zurück? Oder versucht er, das in Ausgewogenheit und Liebe zu tun? Das sind die Feinheiten, bei denen Karma eine große Rolle spielt. Manchmal benötigen Paare viele Leben, um allein diesen Trennungsvorgang harmonisch zu erledigen.

☆☆

FRAGE 31

Immer wieder hört man, Gesetze des Karmas gäbe es nicht mehr – sie wären durch das Gesetz der Liebe ersetzt worden. Ist das richtig?

Das Gesetz des Karmas und das der Liebe sind zwei unterschiedliche universelle Gesetze. Das Gesetz der Liebe besagt: Im Zustand der absoluten Ausgewogenheit und Zentriertheit ist es dir möglich, bedingungslose Liebe zu leben. Das wiederum heißt, in bedingungsloser Liebe zu handeln. In diesem Zustand ist alles möglich. Es ist möglich, jegliche Form der Energie zu bewegen, zu transformieren, zu manifestieren. Wenn eine Seele es also schafft, diesen Zustand herbeizuführen, ist es ihr auch möglich, die zu diesem Zeitpunkt noch vorhandenen karmischen Verbindungen zu lösen.

☆☆

FRAGE 32

Ist es möglich, dass sich karmische Verbindungen, „Verpflichtungen", plötzlich auflösen und ich dadurch nicht mehr in der Lage bin, eine karmisch geführte Partnerschaft weiterzuführen, obwohl ich versuche, mich daran zu klammern?

Keine karmische Verbindung löst sich „plötzlich" von selbst auf. Aber wenn eine Partnerschaft, in welcher Form auch immer, nicht mehr liebevoll, reibungslos, geschmeidig erfolgen kann, egal, ob in einer Privatpartnerschaft, in einer Partnerschaft als Arbeitgeber/Arbeitnehmer, unter Kollegen, ein Mensch also meint, sich daran klammern zu müssen, kann die karmische Verbindung nicht ausgeglichen sein. Es entsteht allenfalls wieder eine neue karmische Verpflichtung, denn sich an etwas zu klammern, beinhaltet eine zwanghafte Vorgehensweise. Gelebte bedingungslose Liebe bedeutet niemals, irgendjemanden, auch nicht sich selbst, zu etwas zu zwingen.

☆☆

FRAGE 33

Es kommt immer wieder vor, dass wir durch Begebenheiten aus früheren Leben betroffen sind. Müsste das nicht alles schon ausgeglichen sein, wenn das Karma sich aufgelöst hat, zum Beispiel zu bestimmten Menschen?

Wenn alle „Betroffenheiten“ aus früheren Leben aufgelöst sind, alles ausgeglichen ist, wirst du es merken, geliebter Mensch. Denn es fällt dir in diesem Moment leicht, vierundzwanzig Stunden am Tag bedingungslose Liebe zu leben.

Betroffenheiten aus früheren Leben begegnen euch inkarnierten Menschen viel häufiger als ihr denkt. Manchmal sind es alltägliche Dinge. Der Bettler zum Beispiel, dem ihr ein Geldstück in seine Sammeldose werft. Es kann sein, dass dieser bettelnde Mensch tatsächlich auf eure Unterstützung angewiesen ist und ihr etwas aus alten Zeiten ausgleicht. Es ist aber auch möglich, dass der Bettler diese Form der Geldbeschaffung als Geschäft betreibt und euch nur vorspielt, zum Beispiel körperlich behindert zu sein. Dann baut ER Karma auf. IHR baut unter Umständen Karma auf, weil ihr gewohnheitsmäßig einfach etwas Geld in seine Büchse geworfen habt, mit dem Gedanken: „Ach, ich baue jetzt hier ein bisschen Karma ab." Wenn ihr in euch hineingespürt hättet, hättet ihr vielleicht gemerkt, dass er nur vorgibt, auf euch angewiesen zu sein. Das meiste Karma bauen Menschen unter der Überschrift auf: „Ich habe es doch nur gut gemeint."

☆☆

FRAGE 34

Wie kann ich erkennen, woher angesammeltes Karma herrührt? – Kann Karma sich auf physischer Ebene manifestieren? – Ich habe auf dem linken Auge eine angeborene Hornhautverkrümmung und schon mehrfach um geistige Hilfe gebeten, aber irgendwie scheint der richtige Moment noch nicht gekommen zu sein.

Was den karmischen Teil deiner Frage anbelangt: Selbstverständlich haben angeborene Fähigkeiten etwas mit karmischen Energien zu tun. Bei der vorgeburtlichen Vision überlegt sich jede Seele, welches ihre optimalen Voraussetzungen sind, um zu dem gewünschten Lernergebnis zu kommen. Dazu gehören auch physische Voraussetzungen – nicht nur die Länge oder das Gewicht, sondern auch bestimmte körperliche Fähigkeiten oder Beeinträchtigungen.

Körperliche Fähigkeiten der Augen haben fast immer mit der Art und Weise der Lebensbetrachtung zu tun, wie du in den letzten Leben hingeschaut hast, wie wichtig für dich die optische Wahrnehmung war. Je mehr deine feststoffliche optische Wahrnehmung beeinträchtigt ist, desto mehr musst du dich auf deine anderen Informationssysteme verlassen. Eine Beeinträchtigung des linken Auges hat also in aller Regel etwas mit der „weiblichen" Betrachtungsweise des Lebens zu tun, mit allen weiblichen Energien, zum Beispiel eine Überbewertung der emotionalen Wahrnehmung. Ausgewogenheit bedeutet „in der Mitte sein". Es bedeutet zum Beispiel für euch Menschen, wenn ihr Entscheidungen trefft: Wie fühlt es sich an? Was sagt mir meine emotionale Wahrnehmung, also meine feinstoffliche Informationsebene? Und was sagt mir mein gespeichertes Wissen im Hirn, im Gehirn, im Gedächtnis? Was sagt mir meine Logik, meine feststoffliche Informationsquelle? Wenn ich Informationsquellen „in der Mitte", der Neutralität, zusammenbringe und sie entsprechend auswerte, komme ich zum besten Informationsergebnis.

Ein anderer Teil deiner Frage beschäftigt sich damit, ob die Geistige Welt noch nicht bereit ist, dir zu helfen. Das hat mit der karmischen Verstrickung, der karmischen Verwebung, nicht unbedingt etwas zu tun. Selbstverständlich ist es möglich, fast alle körperlichen Beeinträchtigungen zu beeinflussen. Wer lange und intensiv genug sucht, findet immer wieder Beispiele dafür, dass angeblich unmögliche Heilungsprozesse erfolgt sind, wie zum Beispiel nach einer gebrochenen Wirbelsäule und einer Querschnittslähmung oder anderen massiven gesundheitlichen Einschränkungen. Aber ich will an dieser Stelle kurz darauf hinweisen, dass ihr, geliebte Menschen, euch einmal kurz Gedanken über die Zeit machen müsst.

Jedes einzelne Leben erscheint euch von ungeheurer Wichtigkeit, weil es selbstverständlich wichtig ist und JETZT gerade stattfindet. Aber im Gesamten, mit allen Inkarnationen, die ihr benötigt habt und noch benötigt, um den Aufstieg zu schaffen, spielt ein einzelnes Leben keine überragende Rolle. Überlegt euch, wie lange ihr zur Schule gegangen seid und wie wichtig ein einzelner Tag im Gesamtdurchlauf eures Lernprozesses in der Schule war. Der eine Tag, an dem ihr eine bestimmte Klassenarbeit geschrieben habt, dazu noch in einem Fach, das euch nicht so lag, war extrem wichtig. Aber wenn die Arbeit erfolgt war, hat dieser Tag in seiner Wichtigkeit gewaltig eingebüßt. Wenn ihr eine Klasse in der Schule erfolgreich beendet habt, erscheinen alle Mühen, Sorgen und Nöte des vergangenen Schuljahres in einem anderen Licht. So ist es auch mit jedem einzelnen Leben.

Wenn ihr nach Beendigung dieses Lebens den

Körper verlasst und bei den Herren des Karmas Einblick nehmt in eure unzähligen Lernprozesse, die ihr absolviert habt, erscheint das, was jetzt gerade so schwierig ist, in einem vollkommen anderen Licht.

☆☆

FRAGE 35

Gibt es Karma nur auf der Erde?

Karma, so, wie ihr es kennt und wie wir es jetzt hier besprechen, gibt es nur im Zusammenhang mit den Inkarnationen auf der Erde. Denn das Karma, wie wir es hier erörtern, ist abhängig von eurem freien Willen, und den habt ihr auf der Erde. Das ist der große Vorzug von Mutter Erde, von diesem System, diesem Planeten, dass jede Seele in der Lage ist, aufgrund des freien Willens Lernprozesse zu durchlaufen. Und nur aufgrund der Entscheidungsfähigkeit, der Möglichkeit, vom freien Willen Gebrauch zu machen, baut sich das Karma auf oder ab, so, wie wir es in diesem Buch besprechen.

☆☆

FRAGE 36

Wie viele Leben, Existenzen, hat Karma Gültigkeit?

Es hat so lange Gültigkeit, bis es ausgeglichen ist – egal, wie lange es dauert.

☆☆

FRAGE 37

Ich habe bei Karma das Gefühl, es ist wie beim Domino. Ich löse ein Thema, und schon steht das nächste an – und häufig ist es noch viel komplexer als das erste. Warum passiert dieses Karma-Auflösen jetzt so häufig?

Der Weg eurer Inkarnationen als Mensch folgt einem bestimmten System. Während der Anfangszeit des Inkarnationszyklus, also als junge Seelen, seid ihr Menschen hauptsächlich damit beschäftigt, euren Lebensunterhalt zu bestreiten und die gröbsten Erfahrungen als Seele zu machen – zum Beispiel Erfolg beim Jagen, beim Ackerbau, Einsatz körperlicher Gewalt, körperlicher Kraft. Diese Leben sind, vordergründig betrachtet, wenig spirituell geprägt. Je älter ihr jedoch als Seele werdet, desto mehr treten religiöse/spirituelle Inhalte in euer Leben. Ihr werdet bewusster. Es treten vermehrt Götter auf, höhere „himmlische" Wesen, die euch beobachten und euch Gesetze geben, nach denen ihr euch richten wollt. Und in der Endphase der Inkarnationen – und wir sprechen hier von einigen tausend Inkarnationen – spielt ein bewusstes Sein, also ein bewusstes Leben, auch als geistiges Wesen eine größere Rolle als am Anfang.

In dem Moment, in dem ihr anfangt zu registrieren, wie sich bewusste Entscheidungen auch auf geistiger Ebene auswirken, seid ihr an dem Punkt, an dem ihr in der Lage seid, Karma bewusst zu bearbeiten. Wenn ihr also anfangt, karmische Konten auszugleichen und Verstrickungen, „Angewohnheiten", die eure Lebensweise maßgeblich steuern, zu bearbeiten, kommt ihr an den Punkt, an dem ihr sozusagen anfangt, alle zurückliegenden Leben „aufzuräumen". Es ist so, als ob ihr eine große Lagerhalle betretet und anfangt, die Kartons darin zu sichten. Und wenn ihr ein Zimmer aufgeräumt habt, findet ihr hinter dem letzten Karton noch eine Falltür oder eine Tür in einen Nebenraum mit kleineren Kartons, die vielleicht schwerer vom Gewicht sind oder komplett andere Inhalte haben. Daher erscheint es euch jetzt vielleicht wie beim Domino. Ihr kippt einen Stein an, und es kommen viele hinterher.

Ihr habt angefangen, bewusst in euren karmischen Beständen Ordnung zu schaffen. Ihr habt bewusst angefangen, Verhaltensweisen zu überprüfen und gegebenenfalls zu verändern. Und so, wie ihr angefangen habt, bewusst zu handeln – und hier spreche ich jetzt von spiritueller/geistiger Ebene –, kommt eine nach der anderen Aufgabe auf euch zu. Und wenn euch die Aufgabe immer komplizierter erscheint als die vorherige, ist das ein ganz natürlicher Vorgang. Denkt an euer Berufsleben. Ihr fingt mit relativ einfachen Arbeiten an, und je mehr sich eure Fähigkeiten und euer Können herausbildeten, desto komplexer wurden die Aufgaben, die an euch herangetragen wurden.

So ist es auch mit eurem Höheren Selbst. Der nicht inkarnierte Teil eurer Seele ist in der Lage, genau abzuschätzen, welche Aufgabe ihr lösen könnt und welche nicht. Also, je mehr Übung ihr habt, desto komplexer werden die Aufgaben, mit denen ihr euch beschäftigt.

Je mehr alte Verhaltensweisen ihr abgetragen habt und je mehr ihr versucht, bedingungslose Liebe zu leben, desto feiner, verzwickter, vertrackter, verwinkelter werden die Aufgaben, die auf euch zukommen.

☆☆

FRAGE 38

Gibt es Länderkarma? Gibt es das Karma von Völkern und Staaten? Kann ICH das auflösen?

Ja, das gibt es. So, wie Mutter Erde ein lebendes Wesen ist, sind auch bestimmte Gemeinschaften, nicht nur Völker, sondern auch Städte oder Dörfer, Berufsgruppen, befreundete Cliquen, Musikergruppen usw. in ihrer Gesamtenergie lebende Wesen, die sich entwickeln und in sich natürlich auch so etwas wie Karma aufbauen. Das Lösen, Ausgleichen dieser „karmischen" Konten, ist aber viel komplexer als bei einzelnen Menschen.

Wenn sich das Bewusstsein, das karmische Verhalten einzelner Menschen, verändert, diese Menschen sich zu Gruppen zusammenfinden, welcher Art auch immer, beeinflussen sie sozusagen „nebenbei" auch das Karma ihres Dorfes, ihrer Stadt, ihrer Musikgruppe, ihres Sportvereins, ihres Landes, ihres Erdteils.

Ihr solltet euch aber als inkarnierte Seelen vorrangig um den Ausgleich eures persönlichen Karmas kümmern. Der „Rest" entwickelt sich dann von alleine.

Wenn ein Mensch glaubt, er müsse jetzt bewusst für das Karma seines Dorfes, seiner Stadt oder seines Landes arbeiten, sollte er die Motivation dazu überprüfen.

FRAGE 39

Kann ich beim Auflösen von Karma den Domino-Effekt nutzen?

Nein. Du kannst sicherlich über verschiedene Techniken versuchen, an den Anfang einer karmischen Verstrickung zu gelangen, zum Beispiel den Zeitpunkt ausfindig machen, wann du das erste Mal mit der Seele eines anderen Menschen in Berührung gekommen bist und mit ihm die ersten karmischen Verbindungen aufgebaut hast. Aber jede einzelne Entwicklung, die daraus erfolgte, hat ihr eigenes Karma.

Um es ganz klar zu sagen: Wenn du mit deinem jetzigen Partner ein Problem hast, das du auf karmische Verstrickungen zurückführst, kannst du sicherlich über entsprechende Wege herausfinden, wann ihr das erste Mal zusammengetroffen seid, und du könntest von dort aus anfangen, jedes einzelne karmische Thema, das sich ergeben hat, abzuarbeiten. Aber du wirst sehr schnell feststellen, dass es so viele Seitenaspekte gibt, dass du nicht wirklich vorankommst.

☆☆

FRAGE 40

Ich lebe schon seit einiger Zeit in einer Beziehung und überlege immer wieder, ob ich sie beenden, also meinen Partner verlassen soll, weil die Beziehung schon seit langer Zeit nicht mehr wirklich „rund" und erfüllend ist, sondern ich immer wieder das Gefühl habe, eigentlich müsste ich gehen. Ich traue mich aber nicht, weil ich nicht weiß, ob ich in dieser Beziehung vielleicht noch karmische Verbindungen abzuarbeiten und auch Angst habe, neues Karma aufzubauen, wenn ich gehe, was ich dann irgendwann bewältigen muss.

Alle karmischen Verstrickungen, Verbindungen, Unausgeglichenheiten lassen sich letztendlich immer nur dadurch auflösen, dass ICH aus der Neutralität handle. Das ist der zentrale Punkt, um den es bei allen Inkarnationen auf der Erde geht. Wie handle ich aus dem Herzen, aus der Neutralität heraus, in bedingungsloser Liebe? Zur bedingungslosen Liebe gehört, und das sage ich euch immer wieder, ihr geliebten Menschen, auch die Selbstliebe. Wenn du das Gefühl hast, in einer Beziehung – egal, ob in einer Ehe, einer Lebensgemeinschaft, einer Arbeitsbeziehung, einer Freundschaftsbeziehung, einer Beziehung Kind/Eltern – ist ein Punkt erreicht, der dich belastet, und zwar vor allen Dingen auf Dauer, wenn du das Gefühl hast, es stimmt nicht mehr, die Frequenzen sind nicht mehr kompatibel, ein Zusammenleben oder -arbeiten ist nicht mehr zur Zufriedenheit und für beide gewinnbringend möglich, dann musst du – aus DEINER Liebe heraus – eine Entscheidung treffen. Ich vermeide bewusst, hier zu sagen: Du musst dich dann trennen. Jede inkarnierte Seele hat immer die freie Wahl, sich zu entscheiden und sich in eine Richtung zu bewegen. Ich will versuchen, es euch an einem Bespiel klarzumachen.

Ihr geht eine Partnerschaft ein, weil ihr euch schon seit der Schule hervorragend verstanden, euch später ineinander verliebt und in Liebe gemeinsam zwanzig Jahre lang euren Lebensweg beschritten habt. Plötzlich entwickelt der eine von euch eine Vorliebe für den Reitsport, und der andere begeistert sich nur noch für das Golfspiel. Nach einigen Jahren stellt ihr fest: „Wir haben uns nichts mehr zu sagen." Der eine ist mit seinen Gedanken und Emotionen nur noch beim Golf, der andere bei seinem Pferd. Grob betrachtet, habt ihr jetzt zwei Möglichkeiten: Entweder ihr trennt euch und macht das in Liebe, Respekt, Anstand, gegenseitiger Achtung, unter der Vermeidung von Verletzung, Beschimpfung, Schuldzuweisung usw., oder einer von beiden fängt an, sich für den Sport des anderen zu begeistern. Der Golfspieler könnte sich auch für Pferde und das Reiten interessieren, oder der Reiter fängt an, Golf zu spielen. Dadurch wären eure Aktivitäten wieder dichter beieinander. Ihr hättet wieder gemeinsamen Gesprächsstoff und würdet wieder gemeinsame Zeit verbringen. Beides ist möglich.

Was ist die richtige Entscheidung? Das, geliebte Seele, musst du selbst herausfinden. Was ist für DICH richtig? Sicherlich ist es nicht zielführend, unter dem Aspekt den Punkt zu erlangen, an dem du vierundzwanzig Stunden am Tag bedingungslose Liebe leben kannst, den Weg des Leidens zu beschreiten, also ständig zu jammern „mir geht es schlecht, ich fühle mich allein gelassen, überfordert, nicht beachtet usw." Du inkarnierte Seele bist aufgefordert, zu handeln. DU bist aufgefordert, zu entscheiden. DU bist Chef in deinem Haus. DU bist derjenige/diejenige, der/die eine Entscheidung treffen muss. Gehe ich reiten oder gehe ich Golfspielen? Diese Entscheidung kann dir niemand abnehmen.

In gleicher Weise gilt diese Entscheidung für jede andere Form der Entwicklung. Seid euch darüber im Klaren, geliebte Menschen. Alles, was ihr neu in euer Programm des Lebens integriert, ändert eure Frequenz. Jedes neue Gebet, das ihr lernt, jeder neue Tisch, den ihr schreinert, jede neue Übung beim Yoga, jedes neue Hobby, jedes neue Bild, das ihr malt, alles, was ihr tut, alles, was ihr als Wissen, als gelebtes Wissen in eure Systeme integriert, verändert eure Frequenzen.

So kann es sein, dass ein Mensch zum Beispiel sagt: „Ich bin jetzt nicht mehr in mein Berufsleben eingebunden, weil ich in Rente gehe. Und ich möchte jetzt noch einmal studieren gehen. Ich wollte schon immer Theologie studieren oder Medizin oder Geographie.“ Und so fängt er mit über sechzig Jahren an, an einer Universität sein Wissen zu mehren und sich zu bilden. Dem Partner, der vierzig Jahre an seiner Seite war, wird das zu viel. Er kann oder möchte diesen Weg nicht mitgehen. Er möchte nicht mit auf die Universität gehen. Er möchte nicht weiterlernen und fühlt sich jetzt dem Mehr-Wissenden intellektuell unterlegen. Auch hier hat der Studierende, der Lernende, im Zweifelsfall die Möglichkeit, sein Studium abzubrechen und zu sagen: „Ich möchte nicht mehr lernen. Diese langjährige Partnerschaft hat mir so viel bedeutet, mir so viel gegeben, sie ist mir so wichtig, dass ich im Fortschreiten meiner Bildung, im Anheben meiner Frequenz innehalte und warte, bis der andere mitgekommen ist, Schritt halten kann, oder aber ich entscheide, für dieses Leben genug gelernt zu haben, ich möchte jetzt lieber langsamer gehen als es mir eigentlich möglich ist, weil ich an der Seite meines Partners fortschreiten möchte.“

Geliebte Seele, ich weiß, dass es mit zu den schwersten Entscheidungen einer Inkarnation gehört: Beende ich eine Beziehung oder bleibe ich? Es spielen so viele Faktoren eine Rolle, unter anderem auch Enttäuschung. Denn wer von euch Menschen eine Beziehung eingeht, macht das immer mit dem Gedanken, das diese ewig hält. Und wenn es dann nicht ewig funktioniert, nicht reibungslos und voller Freude läuft, kommt ein Gefühl zu der Enttäuschung: ICH habe es nicht geschafft. Damit ist also auch das Ego betroffen, womit wir wieder bei der Selbstliebe sind. Wenn du dich selbst liebst, wird es dir nicht schwerfallen zu erkennen, dass etwas, was du dir vorgenommen hast, nicht so geklappt hat, wie du es dir gedacht hast.

Wie oft hast du dir Dinge vorgenommen, die dann nicht auf Anhieb geklappt haben – als Kind Fahrradfahren, später die ersten Spiegeleier knusprig braten, aber das Eigelb noch flüssig, den ersten Braten im Ofen machen, sodass er außen knusprig ist und innen gar und zart, den ersten Fisch kochen, ohne dass er komplett zerfällt, aber doch „durch“ ist. Es ist nun einmal so, dass es zum System von Mutter Erde gehört. „Übung macht den Meister.“ Ihr seht dann einmal mehr, wie viel Weisheit in den Redewendungen eurer Sprachen steckt. Denn in jeder Sprache dieser Welt gibt es solche schlauen Sprüche.

☆☆

FRAGE 41

Können andere Menschen ihr Karma auf MICH übertragen und sich dadurch reinigen? Und wie wirkt das auf ihr zukünftiges Karma?

So, wie kein Mensch dein Karma abarbeiten kann, kann dir kein Mensch SEIN Karma „überstülpen". Menschen können versuchen, ihre Belastungen, Dinge, die sie nicht lösen wollen, an dich weiterzuschieben. Über verschiedene Machtmechanismen ist das möglich. Und wenn du nicht merkst, dass du hier quasi die Arbeit anderer Seelen aufgebürdet bekommst, wirst du diese Arbeit sicherlich in irgendeiner Weise erledigen. Aber die Seele, die dir ihre Arbeit überträgt, schafft dadurch natürlich ein „unausgeglichenes Konto" zwischen euch beiden. Dieses Verschieben von Arbeiten, der Zuständigkeiten, wird häufig nicht nur innerhalb einer Firma gelebt, in der ein Mitarbeiter mehr oder weniger elegant Arbeiten, die er erledigen sollte, jemand anderem aufbürdet, sondern auf subtile Art und Weise auch innerhalb von Familien.

Achtet einmal auf die Mechanismen, wie Kinder ihre Eltern oder auch Großeltern mit Aufgaben betrauen, die sie eigentlich selbst lösen sollten. Schaut einmal, wie auch Eltern ihren Kindern Aufgaben aufbürden, die diese Kinder eigentlich gar nicht tragen können, zum Beispiel wenn eine Mutter alleine zwei Kinder großzieht, das ältere der Kinder möglicherweise ein Junge ist, der in der Pubertät plötzlich der „Mann" im Haus ist und Aufgaben übernehmen soll, um die männliche Energie in der Familie zu bewahren. Dann hat er als Gesprächspartner der Mutter: „Du bist ja mein Großer, mach das doch mal", eine Aufgabe, der er nicht gewachsen ist.

FRAGE 42

Wer entscheidet, wie ich mein Karma auflöse? Bin ich das? Und was passiert, wenn ich mich dem widersetze?

Du bist der Einzige, der entscheidet, ob, und wenn ja, wann du Karma auflöst. Was passiert, wenn du dich dem widersetzt? Es ist ganz einfach. Du inkarnierst so lange, bis alles Karma geklärt ist. Niemand zwingt dich, außer du selbst. So entscheidest du auch selbst, wann, wo, in welcher Konstellation und mit wem du wieder inkarnieren möchtest. Wenn du alle dafür notwendigen Partner für die Inkarnation „zusammenbekommen" hast, entscheidest du alleine, wann du wieder inkarnierst.

☆☆

FRAGE 43

Kann es sein, dass ich mir zu viel des „Abarbeitens" auferlegt habe, es mir selbst also viel zu schwer mache?

Ja, geliebte Seele, das ist möglich. Wobei es niemals zu schwer ist. Keine Aufgabe ist größer als deine Kraft, sie bewältigen zu können. Es ist eher möglich, dass du dir ein strammes/taffes/anstrengendes Programm für dieses Leben vorgenommen hast. Dadurch kann es sein, dass du dieses Leben als besonders anstrengend empfindest. Wie ich schon oft gesagt habe: Du hast die freie Wahl. Du kannst zu jeder Zeit sagen: „Stopp, Pause. Ich muss ein bisschen verschnaufen." Aber ich erinnere an dieser Stelle noch einmal daran: Es sind nicht WIR, deine Freunde und Helfer aus der Geistigen Welt, die dich treiben, es ist dein Höheres Selbst. Und so bist du im Zweifelsfall derjenige, der dich treibt.

☆☆

FRAGE 44

Mein Hund weiß immer, wie es mir geht und ist total lieb. Ist das auch Karma zwischen ihm und mir?

Zwischen einem einzelnen Tier und einem Menschen gibt es in der Regel keine karmischen Verbindungen. Tiere gehören in eine Gruppenseele beziehungsweise sind aus einer Gruppenseele heraus in dieser entsprechenden Inkarnation mit einer Seele belebt. In dem Moment, in dem ein Mensch ein Tier aus der Gruppe heraus selektiert, ihm einen Namen gibt, beginnt für diese Seele der Weg der Inkarnationen. Das heißt, wenn dieses Tier eines Tages stirbt, geht sein Seelenteil nicht wieder zurück in die Gruppenseele, sondern beginnt eine eigenständige Existenz als Seelenwesen.

Jeder inkarnierte Mensch ist Gott in Tätigkeit. Und in dieser Funktion selektiert er aus einer Gruppenseele eine einzelne Seele. Das ist es, was sich hinter dem Zitat verbirgt: „Ich werde dich bei deinem Namen rufen." Also ICH, als „Gott in Tätigkeit"-Mensch, rufe dich bei deinem Namen. Ich erkenne dich in einer Masse und nehme dich aus dieser Masse heraus. Ich selektiere dich. Wenn sich Menschen in dieser Funktion nicht liebevoll verhalten, bauen sie Karma gegenüber der gesamten Gruppe auf, also gegenüber Hunden, Katzen, Goldfischen usw. Denn bis zum Beenden dieses jetzigen irdischen Lebens gehört die Seele und damit ihre gesamten Verbindungen und Verstrickungen noch in die Gruppenseele, in der sie ihren Ursprung hat. Somit ergibt sich also kein Karma zwischen einem einzelnen Tier und einem Menschen, sondern nur eine karmische Verbindung zu der Seelengruppe.

Dass dieser hier angesprochene Hund immer lieb und zutraulich ist, hat nichts mit vergangenem Karma zu tun, sondern ist ein Spiegel dessen, wie der Mensch mit dem Tier umgeht. So, wie seine Liebe zu dem Tier hinfließt, wird dieses Tier antworten. Selbst Tiere, die normalerweise nicht als „Haustiere" gehalten werden, werden gegenüber entsprechenden Menschen immer sehr zutraulich, lieb, sie werden sozusagen sozialisiert.

Es gibt dafür viele Beispiele in eurer Literatur. Zum Beispiel der Bär von Grizzly Adams, den viele Menschen aus der TV-Serie „Der Mann in den Bergen“ kennen. Es gibt andere bekannte Beispiele, in denen Menschen zu Tieren besondere Beziehungen aufgebaut haben, zu Gorilla-Affen, Delfinen, Walen, Löwen, Igeln und vielen anderen Tieren, die normalerweise als Haustier nicht bekannt sind. Und selbstverständlich gilt das nicht nur für Säugetiere, sondern auch für Vögel und Insekten, kurz: Bei jeglicher Form tierischen Lebens lässt sich durch die entsprechende liebevolle Behandlung, durch das entsprechende Ausmaß an Liebesenergie, die diesem Tier zugeführt wird, eine besondere Beziehung aufbauen. Denn die Liebe, die Zuneigung, die Zutraulichkeit, das Vertrauen, die/das dieses Tier dem Menschen dann entgegenbringt, ist nichts anderes als eine Reflektion der Liebe gegenüber diesem Tier.

☆☆

FRAGE 45

Kann es sein, dass ich, um Karma auszugleichen, schon in meiner vorgeburtlichen Vision einen Selbstmord plane?

Ja, möglich ist das. Aber sehr selten und unwahrscheinlich. Wenn ein Mensch aus dem Leben scheidet, hinterlässt er bei den zurückgebliebenen Freunden und Familienmitgliedern immer ein gewisses Maß an Trauer. Wenn ein Mensch Selbstmord begeht, hinterlässt er in seinem Umfeld häufig die Frage: „Bin ich schuld?" Wenn ein Mensch bewusst einen anderen in den Selbstmord getrieben hat, ist dadurch selbstverständlich eine karmische Verbindung entstanden. Nun kann es sein, dass zum Ausgleich dieses karmischen Zustands in einer späteren Inkarnation zum Ausgleich genau die gleiche Situation geplant wird, nur mit vertauschten Rollen.

Gerade bei rituellen Selbstmorden, wie zum Beispiel dem japanischen Harakiri, ist dieses öfters der Fall. Im überwiegenden Teil der Selbstmorde handelt es sich aber um einen „Kurzschluss" der betreffenden Seele. Sie glaubt, die anstehenden Probleme nicht lösen zu können und vermutet, auf diese Art und Weise den einfachsten Ausweg zu finden. Wenn das der Fall ist, ergeben sich natürlich auch karmische Belastungen, zum Beispiel zu den Menschen, die in Trauer zurückbleiben oder mit der Lösung der Probleme alleingelassen werden – zum Beispiel Schulden. Also noch einmal: Geplant sind Selbstmorde normalerweise nicht. Aber gelegentlich kommt es vor, dass ein Selbstmord zum Ausgleich von Karma bei der vorgeburtlichen Vision geplant ist oder zumindest als Möglichkeit einkalkuliert wird.

FRAGE 46

Kann ich Karma durch Selbstmord ausgleichen, wenn ich Sühne und Demut mit einprogrammiere und um Vergebung all meiner Sünden bitte?

So, wie im deutschen Sprachgebrauch die Worte „Sünde, Demut und Vergebung“ belegt sind, ist das nicht möglich. Denn nach den Gesetzen des Karmas gibt es keine Sünde. Das würde ja bedeuten, dass jedes Mal, wenn ein karmisches Ungleichgewicht produziert wird, sich eine Sünde dahinter verstecken würde. In dem Wort „Sünde“ steckt die Belegung von „da ist etwas Schlechtes gemacht worden“ – also eine eindeutige Bewertung der erfolgten Handlung. „Sühne“ bedeutet: Ich erleide irgendetwas zum Ausgleich für die „schlechte Handlung“, die ich begangen habe.

Beispiel: Wenn jemand – in bestimmten Kreisen eurer Bevölkerung, zum Beispiel nach den muslimischen Gesetzen der Sharia – einen Diebstahl begeht, wird ihm zur Sühne die Hand abgehackt, also als Strafe. Wenn in diesen Kreisen jemand Ehebruch begeht, wird er als Frau unter Umständen gesteinigt – zur Sühne, als Strafe. Die karmischen Verstrickungen, die sich daraus ergeben, sind gänzlich anders. Es ist zum Beispiel möglich, dass ein Mensch weiß: „Ich habe einen Nachbarn, der anfällig ist für Diebstähle.“ Ich kann ihn jetzt zum Beispiel durch offen herumliegendes Geld, Gold, Wertgegenstände dazu verleiten, diesen Diebstahl zu begehen. Ich verleite ihn also dazu, eine nach den geltenden Gesetzen strafbare Handlung zu begehen. Und dann zeige ich ihn an wegen der Straftat, wohl wissend, dass, wenn er verurteilt wird, ihm dafür die Hand abgehackt wird. Die „Sühne/Strafe“ für den Diebstahl ist das eine. Das wissentliche Verleiten eines Menschen zum Diebstahl oder zu anderen strafbaren Handlungen ist eine ganz andere Geschichte und sieht aus dem Blickwinkel des Karmas gänzlich anders aus.

Demut ist in vielen Regionen der Welt, auch im Sinne der kosmischen Gesetze, der Karma-Gesetze, anders belegt als in diesen Regionen. Demut im Sinne der karmischen und kosmischen Gesetzmäßigkeiten hat nichts damit zu tun, „zu Kreuze zu kriechen“, sich die Knie auf irgendwelchen Stufen wundzuscheuern, sich zu geißeln, sich selbst Schmerzen zuzufügen usw. Demut im Sinne der kosmischen Gesetze lässt sich vielleicht am Ehesten dadurch erklären, wenn ich sage: Mensch, sei dir ständig der Größe des Universums bewusst, der Größe des Ausmaßes der bedingungslosen Liebe des Vaters. Sei dir ständig bewusst, wie geduldig Mutter Erde alle deine Inkarnationen erträgt. Mensch, gehe in dich und betrachte die Natur, die Tiere, die Pflanzen, Alles-was-ist, und erkenne Gott in jedem einzelnen Teil, dessen du ansichtig wirst. Erkenne die Liebe, die bedingungslose Liebe, die letztendlich versteckt ist oder offensichtlich in jeder Emotion, die du spürst und erkennst.

Und dann bleibt noch der Selbstmord in der Frage. Ob durch Selbstmord Karma ausgeglichen werden kann, hängt von den beteiligten Personen ab. Wenn ein Mensch Selbstmord begeht, betrifft es natürlich die Familie, die Nachbarn, die Arbeitskollegen und viele andere Menschen. Wer Selbstmord zum Beispiel dadurch begeht, dass er sich vor einen Zug wirft, seinen Körper in tausend Einzelteile zerfetzen lässt, berührt damit auch die Menschen, die diese Einzelteile zusammentragen müssen. Er berührt den Lokführer und viele, an die er dabei gar nicht denkt. Denn der geschockte Lokführer hat auch eine Familie, eine Frau, Kinder, Eltern, Nachbarn. Ob im Zuge all dieser Berührungspunkte irgendwo Karma ausgeglichen oder neues aufgebaut wird, hängt also eindeutig von der Konstellation zwischen dem Selbstmörder und den beteiligten Menschen ab.

☆☆

FRAGE 47

Warum ist es manchmal so, dass jemand ein Leben lang gemein sein kann und es passiert nichts, das ihn daran hindern würde?

Unter dem Gesichtspunkt des Karmas gibt es hierzu eigentlich nur zwei Möglichkeiten der Antwort. Die eine ist: Diese Seele hat beschlossen, in dem hier zur Rede stehenden Leben alle Wesenszüge, die in jeder Seele grundsätzlich als Anlage vorhanden sind, auszuleben. Wenn das so ist, baut sie selbstverständlich gegenüber den Menschen, die davon betroffen sind, Karma auf, was irgendwann ausgeglichen werden muss. Und wie immer bei karmischen Betrachtungen, kann auch das Gegenteil der Fall sein: Diese Seele hat in einem oder mehreren zurückliegenden Leben so oft die Rolle übernommen, unter den Gemeinheiten eines anderen Menschen zu leiden, dass es jetzt an der Zeit ist, dies in diesem Leben auszugleichen und gegenüber den Menschen, die jetzt inkarniert sind, gemein, ungerecht oder sonstwie unangenehm zu sein, und damit das Konto zwischen allen Beteiligten auszugleichen oder zumindest teilweise in den Ausgleich zu bringen.

☆☆

FRAGE 48

Wenn ich die letzte Inkarnation auf Erden lebe, heißt das, dass ich nur noch wenig Karma übrig habe?

In aller Regel ja. Karma auszugleichen bedarf in der Regel auch ein gewisses Maß an Zeit. Und, vor allen Dingen: Durch die Zeitabläufe während einer Inkarnation auf der Erde habe ich als inkarnierte

Seele auch nur Kontakt-Möglichkeiten zu einem beschränkten Personenkreis, zu einer beschränkten Anzahl von unterschiedlichen Situationen. Ich kann also nicht zu viele unterschiedliche Seelen während EINER Inkarnation treffen, um mit ihnen in einen karmischen Ausgleich zu kommen. Aber bedenke bitte: Auch wenn bei der vorgeburtlichen Vision besprochen, geplant ist, dieses ist das letzte Leben, dann habe ich es geschafft…, ob eine Seele tatsächlich alles ausgeglichen hat, gelernt und verinnerlicht hat, es also schafft, vierundzwanzig Stunden am Tag bedingungslose Liebe zu leben und so den Zyklus der Inkarnation zu beenden, zeigt sich erst beim letzten Atemzug. Bis dahin ist alles möglich. Also, ob es klappt, dass eine Inkarnation tatsächlich die letzte ist, entscheidet sich nicht mit und vor dem ersten Atemzug, sondern erst beim letzten.

☆☆

FRAGE 49

Was ist, wenn ich eigentlich so weit wäre, Karma auszugleichen, der Mensch, den es betrifft, jedoch nicht mitmacht?

Das ist eine der kniffligsten Aufgaben für die Führungsengel. Situationen zwischen zwei Menschen bedingen immer, dass beide zu dieser Aktion bereit sind. Es ist also Aufgabe der Führungsengel, dafür zu sorgen, dass das, was diese beiden Seelen, um die es hier geht, besprochen haben, möglich ist. Sie sorgen dafür, dass zu der entsprechenden Zeit die entsprechenden Menschen in Kontakt kommen und so die Möglichkeit geschaffen ist, Karma auszugleichen.

Wer schon etwas länger in dieser Inkarnation auf der Erde lebt, also schon etwas älter ist, kann sich, wenn er Rückschau hält, sicherlich an viele Situationen erinnern, in denen die Führungsengel genau solche „Schlüssel"-Treffen arrangiert haben. Sie sorgen dafür, dass Partner, Arbeitskollegen oder Familienmitglieder sich zu dem Zeitpunkt finden, an dem bestimmte „Vorarbeiten" erst erledigt sein mussten. So treffen sich Menschen, um dann gemeinsam etwas Neues zu beginnen. Schaut euch an, wie viele Menschen zum Beispiel in zweiter, dritter, vierter Ehe oder fester Partnerschaft zusammenleben, wie sie sich im Laufe der Zeit entwickelt und verändert haben, um dann den Partner für die letzte Zeit dieser Inkarnation zu treffen. Es waren Ereignisse notwendig, bis der andere bereit war, in seinem Entwicklungszyklus, seinen Entwicklungszyklen, zu dieser Zusammenkunft zu kommen, um ab jetzt den Weg gemeinsam voranzuschreiten.

Abbau von karmischen Konten ist immer nur möglich, wenn diese beiden Menschen zusammentreffen. Selbstverständlich gibt es auch Möglichkeiten, Karma abzubauen, bei denen ich den anderen Partner nicht aktiv brauche. Ich kann zum Beispiel jemandem etwas Gutes tun in Form einer Schenkung – Bargeld, ein Auto, ein Grundstück, was auch immer –, und der Beschenkte braucht dazu nichts beizutragen. Ich kann sogar als anonymer Spender auftreten, agieren, handeln und damit Karma ausgleichen, das ich angehäuft habe, in dem ich in einem zurückliegenden Leben Kinder durch Kinderarbeit ausgebeutet habe. In diesem Fall brauche ich die Zustimmung der Kinder nicht, gleiche aber trotzdem Karma aus.

☆☆

FRAGE 50

Gibt es Seelen, die sich dauerhaft weigern, einen Ausgleich mitzumachen?

Es gibt keine Seele, die bereit ist, sich dauerhaft oder bewusst beim Ausgleich von Karma zu verweigern. Denn in dem Moment, in dem sie das tut, baut sie wieder eigenes Karma auf.

☆☆

FRAGE 51

Ist alles Karma ausgeglichen, wenn ich die Meisterschaft erlangt habe, oder nehme ich doch noch etwas mit und vollziehe den Rest der „karmischen Arbeit“, ohne noch einmal zu inkarnieren?

Um den Inkarnationszyklus zu beenden, bedarf es der Fähigkeit, vierundzwanzig Stunden bedingungslose Liebe zu leben. Dann steigt diese Seele auf in die Reihen der Aufgestiegenen Meister. Sie hat alles gemeistert. Das geht nur, wenn auch alles Karma ausgeglichen ist, sonst ist nicht jede Energie gemeistert. Somit ergibt sich: Aus den anderen feinstofflichen Regionen heraus unterstützen die Aufgestiegenen Meister die Menschen auf ihrem Weg der Inkarnation, aber hierbei wird keine karmische Belastung aufgebaut. Hier herrschen andere Gesetze des Ausgleichs.

☆☆

FRAGE 52

Wenn ich allem und jedem vergebe, auch mir selbst, und alles und jeden liebe, auch mich selbst, ist das Karma dann nicht von selbst automatisch ausgeglichen?

Der Wachstumsprozess eines Menschen beruht auf der grundsätzlichen Tatsache, dass es um bewusstes Handeln geht, um bewusstes Zur-Kenntnis-Nehmen, Lernen, und dieses dann in sein Verhalten zu integrieren. Auf diese Weise erreicht die Seele irgendwann den Zustand, vierundzwanzig Stunden bedingungslose Liebe leben zu können. Unter diesem Aspekt kann es durchaus sein, dass eine Seele eine Situation auch im Zusammenspiel mit einer zweiten Seele klar erkennt und diese Tatsache des karmischen Ungleichgewichts dann durch Vergeben ausgleicht – also sich eine konkrete Situation, einen konkreten Zustand, anschaut, den Lernwert erkennt und dann bewusst entscheidet: Okay, ist erledigt. Ein pauschales Vergeben führt daher nicht zum Ziel und ist als Ausgleich von Karma ungeeignet. Denn ein pauschales Vergeben bedeutet, sich mit der Situation nicht bewusst auseinanderzusetzen und eine bewusste Verhaltensveränderung herbeizuführen, das heißt, klar erkannt in einer „Stress"-Situation bedingungslose Liebe zu leben.

FRAGE 53

Kann ein „schlechter" Mensch im nächsten Leben ein Regenwurm sein, um weiterzulernen und so als Regenwurm Karma auszugleichen?

Evolution ist immer nur aufsteigend möglich. Eine „Rückentwicklung" eines Menschen, einer Seele, die in einem Menschen inkarniert war, in ein Tier ist normalerweise nicht möglich und auch nicht zweckmäßig.

☆☆

FRAGE 54

Kann meine Katze im nächsten Leben ein Mensch sein und mir so – karmisch gesehen – Gutes tun, als Ausgleich dafür, dass ich in diesem Leben so nett zu ihr bin?

Das sind im Grunde zwei Fragen. Also, die erste Antwort: Ja, deine Katze kann im nächsten Leben ein Mensch sein. DU hast sie mit einem Namen versehen, „Morle", „Schmusekater" usw., sie also aus der Gruppenkatzenseele selektiv herausgelöst.

Es leben auf der Welt Millionen Wildkatzen, die keinen eigenen Namen haben, also innerhalb der Gruppenseele existieren und nach ihrer irdischen

Existenz ihre Seele wieder in die Gruppenseele zurückwandern lassen, im Gegensatz zu den Hauskatzen, die ihr normalerweise kennt.

Zweiter Teil der Antwort: Da die Seele deiner Katze bei der ersten Inkarnation als Mensch ein komplett anderes Umfeld braucht als du inzwischen recht alte Seele bei deiner nächsten Inkarnation, ist es sehr unwahrscheinlich, dass ihr wieder aufeinandertrefft. Rein theoretisch gibt es Möglichkeiten, zum Beispiel dass deine Katze ihre erste Inkarnation bei einem sogenannten Naturvolk, zum Beispiel im Gebiet des Amazonas-Regenwaldes erlebt, und du eine weitere als Stammeshäuptling oder Medizinmann „zufälligerweise" im gleichen Dorf. Aber, wie gesagt, das ist eine sehr unwahrscheinliche Konstellation und in der Regel auch nicht notwendig für das Wachstum eurer beiden Seelen.

☆☆

FRAGE 55

Wenn ich allein durch Spazierengehen – indem ich auf Grashalme trete – schon Karma aufbaue, wie soll ich es dann jemals komplett abbauen können?

Pflanzen und Tiere sind Elemente, Hilfswesenheiten, die der Vater geschaffen hat, um den Menschen ihre Inkarnationsabfolge überhaupt zu ermöglichen. Der Grashalm, auf den du trittst, ist keine einzelne Seele, und wenn du ihn respektvoll behandelst, das heißt, ihn nur insoweit schädigst, wie es für deine Entwicklung notwendig ist, wird sich der Ausgleich dadurch ergeben, dass du insgesamt liebevoll mit der Natur umgehst. Wenn du also zum Beispiel ein Blumenbeet anlegst, um damit Schmetterlingen, Käfern, anderen Insekten, Vögeln und sonstigem Getier einen Lebensraum zu ermöglichen, tust du das mit der liebevollen Absicht, in der Natur insgesamt einen „runden“ Kreislauf/Ablauf zu ermöglichen. Wenn du also eine Wiese umgräbst, schädigst du zwar das Gras und du kommst auch in Berührung mit den Lebensräumen von Regenwürmern und sonstigen Tieren in der Erde, aber die **Absicht** ist das Entscheidende, die Energie, die du in diese Tat hineingibst. Du gleichst das Karma an der Natur durch die Schädigung des Grases dadurch aus, indem du einem anderen Naturwesen (der Rose, der Sommerblume) Lebensraum ermöglichst. Und so gleicht sich das Karma „hier Mensch, auf der anderen Seite Natur“ aus.

☆☆

FRAGE 56

Muss ich wirklich jeden gut leiden können? Ist das das Ziel, wenn ich kein Karma mehr habe?

Einen Menschen gut leiden zu können, ihm Sympathie entgegenzubringen, Zuneigung, seine Nähe zu suchen und zu genießen, ist etwas anderes wie bedingungslose Liebe. Einen Menschen bedingungslos zu lieben bedeutet, ihn so zu lassen, wie er ist, seine Entscheidungen zu respektieren, auch, dass er für dieses Leben einen Lebensstil gewählt hat, der mit deinem nicht kompatibel ist, der mit deiner Lebensüberzeugung nicht konform ist, der deiner Auffassung nach gegen alle Regeln der guten Sitte und des Anstandes verstößt. Das bedeutet aber nicht, ihn sympathisch finden oder ihn auf seine Geburtstagsparty einladen zu müssen. Es ist zweierlei. Einen Menschen gut leiden zu können, ihn sich als Freund zu wünschen, seine Gegenwart zu genießen oder ihn einfach nur bedingungslos zu lieben. Gerade die bedingungslose Liebe ist ein Feld, auf dem ihr, geliebte Menschen, viel Übung braucht, um zu erkennen, wo der Unterschied ist zwischen der Liebe, so, wie ihr sie definiert, und der bedingungslosen Liebe, wie die göttliche Planung sie euch zeigt und erfahren lässt.

☆☆

FRAGE 57

Kann jemand, der gestorben ist, noch Karma aufbauen?

Ja, das kann er. Wenn die Seele des Verstorbenen den Körper verlässt und sich in den unteren Astralebenen aufhält, ist sie noch nicht wieder vereint mit den anderen Seelenanteilen, die zu ihr gehören und auf sie warten. So lange dieser Seelenanteil, also die Seele des gerade Verstorbenen, sich in diesen unteren Astralebenen befindet und noch nicht bei den Herren des Karma angekommen ist beziehungsweise, wie ihr auch sagt, den Styx oder Jordan überschritten hat, diese Grenze zwischen der bewussten Inkarnationswelt und den feinstofflichen Welten, in denen sich das Höhere Selbst aufhält, ist sie noch eine selektive Seeleneinheit, die auch in großen Teilen einem bewussten Handeln unterliegt.

So entscheiden sich zum Beispiel manche Seelen: Ich kann meine Kinder, meine Enkelkinder, meine Frau, meinen Mann, mein Projekt, wen oder was auch immer, noch nicht verlassen und muss aus diesen Astralebenen noch Einfluss nehmen, ich muss hier noch beschützen, begleiten usw. Wenn die Seelen das tun, arbeiten sie selbstverständlich auch in den karmischen Feldern, denn die Gesetze des Karmas basieren ja auf den Energiekonten zwischen unterschiedlichen Seelen und nicht zwischen den Inkarnierungen. Also nicht „Paul Müller“ baut gegenüber „Klara Schmid“ ein Karma auf, sondern die Seele von „Paul Müller“ baut gegenüber der Seele von „Klara Müller“ ein karmisches Defizit/Ungleichgewicht auf. Von daher ist die Seele auch im körperlosen Zustand in der Lage, Karma zu bearbeiten.

☆☆

FRAGE 58

Kann jemand, der gestorben ist, Karma abbauen?

Die Antwort ist im Prinzip die gleiche. Theoretisch kann die Seele in diesem Zustand auch Karma abbauen, aber ich sage euch aus „Erfahrung“: Wir aus der feinstofflichen Welt haben beobachtet, dass es höchst selten der Fall ist. Es geht theoretisch, erfolgt aber in der Regel nicht, weil die Seelen, die den Körper verlassen und sich scheuen, mit ihrem Höheren Selbst wieder in Verbindung zu treten, in aller Regel aus mangelndem Vertrauen heraus handeln, zum Beispiel, dass die Personen, die sie meinen, noch beeinflussen zu müssen, ihre Situation auch ohne ihren Beistand aus den feinstofflichen Regionen bewältigen können. Mangelndes Vertrauen ist wiederum Abwesenheit von Liebe, und somit wird eher Karma auf- als abgebaut. Aber, ich sage es noch einmal:

Rein theoretisch wäre es auch möglich, aus diesen Astralwelten heraus Karma abzubauen.

☆☆

FRAGE 59

Kann ein Tier Karma aufbauen? Und wenn ja, wie gleicht es das aus?

Nein. Tiere bauen kein Karma auf, sie unterliegen ihren eigenen Gesetzmäßigkeiten, die ihr Menschen als die Gesetze der Natur bezeichnet. Wenn ein Bär einen Hirsch erlegt, baut er kein Karma auf, sondern befriedigt seinen Hunger. Wenn der Bär dabei ungeschickt vorgeht und den Hirsch nur massiv verletzt, aber nicht tötet, entspricht das seinem Übungsgrad als Jäger, und auch dadurch entsteht kein Karma. Es ist das Gesetz der Natur. Tiere handeln nach ihrem Instinkt und nicht nach ihren Überlegungen. Wenn Tiere ihren Überlegungen nach handeln, sind es dressierte Tiere, und diese Dressur basiert auf Tätigkeiten, die Menschen an ihnen verübt haben. Somit liegt das Karma bei den Menschen und nicht bei den Tieren.

☆☆

FRAGE 60

Kann ich Karma aufbauen, weil ich „unrecht“ mit meinen verstorbenen Verwandten umgehe?

Ja, das geht. Wenn du zum Beispiel von einem Verwandten ein Erbe erhalten hast, das an bestimmte Auflagen gebunden war, die du nicht erfüllst, baust du ein energetisches Ungleichgewicht auf. Du hältst eine Zusage gegenüber der Seele, die du als Mensch beerbt hast, nicht ein.

☆☆

FRAGE 61

Baue ich Karma auf, indem ich Gott negiere?

Wenn du Gott nicht kennst und daher behauptest, es gibt ihn nicht, baust du kein Karma auf, zumindest nicht gegenüber Gott. Der Vater hat jede einzelne Seele in diesen Freiraum der Inkarnationen des Lernprozesses entlassen. Und er hat von vorneherein alle Varianten des Energiegebrauchs berücksichtigt. Gegenüber Gott kannst du als Mensch also kein Karma aufbauen. Aber wenn du zum Beispiel eigentlich weißt, dass es eine göttliche Existenz gibt und einem anderen Menschen aus einer Position der

Stärke heraus, zum Beispiel als Vater oder Mutter, sozusagen wider besseren Wissens „einredest“, es gäbe sie nicht, oder, um ein anderes Wort zu gebrauchen, wenn du bewusst lügst, dann baust du Karma auf, aber nicht gegenüber Gott, sondern gegenüber dem Menschen, den du belügst.

☆☆

FRAGE 62

Gibt es so etwas wie ein „Salzstreuer-Karma“? Immer wenn ich einen Salzstreuer in der Hand habe, verschütte ich das Salz.

Ja, so etwas gibt es. Das ist häufig der Fall, wenn inkarnierte Seelen mit einem bestimmten Gegenstand oder Element besonders tiefgreifende Erfahrungen gemacht haben. Menschen, die zum Beispiel mehrfach auf hoher See ertrunken sind, haben unter Umständen in diesem aktuellen Leben große Schwierigkeiten, im Meer zu schwimmen. Die energetische Beziehung zwischen dem Meer und der Seele ist noch im Ungleichgewicht. Hier müsste die Seele sich umschauen, was die Ursache war, warum sie mehrfach auf hoher See oder überhaupt im Wasser zu Tode gekommen/ertrunken ist.

Ertrinken hat immer mit der Arbeit in den emotionalen Feldern zu tun. Also dein „Salzstreuer-Karma“ solltest du einmal überprüfen – welche schlimmen, schmerzhaften Erfahrungen du mit Salz gemacht hast. Dann kannst du dieses „Salzstreuer-Karma“ auch auflösen.

☆☆

FRAGE 63

Ich kann nicht denken, sobald ich mit Computern zu tun habe. Es erschöpft mich zutiefst, obwohl ich ausgesprochen intelligent bin, organisieren kann und als Geschäftsmann erfolgreich bin. Kann das Karma sein?

Ja, wie bei den Salzstreuern geht es hier um Erkenntnisse der Seele, die mit etwas Bestimmtem zu tun haben. Die Computer, die ihr zurzeit verwendet, arbeiten letztendlich auf der Basis, dass elektrische Impulse in Zusammenhang mit Kristallen „ihren Job machen“. Das war bereits zu den Zeiten von Atlantis der Fall, als Menschen Kristalle programmierten. Die meisten Menschen, die heute große Probleme haben, einen Computer zu beherrschen, versuchen, sich vor den Folgen zu drücken, die sie durch das Programmieren der Kristalle in Atlantis erlebt haben.

FRAGE 64

Ich habe panische Angst vor Spinnen. Hat das mit Karma zu tun?

Jede Form von spezifischer Angst vor einem bestimmten Gegenstand, einer Situation oder einem Tier hat immer mit „schlechten Erfahrungen“ in vergangener Zeit zu tun. Es muss aber zum Beispiel nicht sein, dass hier eine Spinne tatsächlich ausschlaggebend war, sondern dass du zum Beispiel lange Zeit in einem Verließ eingesperrt warst, in einer Höhle verschüttet, in einem Keller gefangen, und das Einzige, was du ständig zu sehen bekommen hast, waren Spinnen und Spinnennetze. So ergibt sich zum Beispiel auch eine panische Angst vor Spinnen, weil du Angst hast, als Seele wieder so eingesperrt zu sein.

☆☆

FRAGE 65

Kann jemand einen anderen so „verfluchen“, dass dieser in einer Starre leben muss, also sein Karma nicht mehr auflösen kann?

Das, was ihr Menschen verfluchen nennt, ist eine Form der Energieübertragung, die tatsächlich funktioniert, genauso wie das positiv besetzte „Besprechen“. Der Vorgang ist der gleiche. Ein Mensch macht von seinen Fähigkeiten Gebrauch und beeinflusst Materie oder auch feinstoffliche Lebensformen aufgrund seines Willens und der darin verborgenen Kräfte.

Aber: Es ist nicht möglich, dass ein Mensch einen anderen so verflucht, dass dieser in einer Starre leben **muss**. Denn es ist ein göttliches Gesetz, dass immer dafür Sorge getragen wird, dass du als inkarnierter Mensch niemals eine Aufgabe bekommst, die du nicht lösen kannst. Es gibt keine Situation, die stärker ist als das, was du als inkarnierter Mensch zu lösen in der Lage bist. Wenn also eine inkarnierte Seele mit einem Fluch konfrontiert wird, hat sie auch die Möglichkeiten, sich daraus zu befreien.

☆☆

FRAGE 66

Mischt Luzifer auch mit beim Auflösen des Karmas?

Der Erzengel Luzifer hat innerhalb des göttlichen Systems, des Plans der Inkarnierungen, des Plans der Evolution für die Seele, die in einem Menschen inkarniert ist, eine bestimmte Funktion übernommen. Er hat sich bereit erklärt, eine äußerst unpopuläre Rolle auszufüllen. Wenn diese Fähigkeiten, diese Energie, diese Rolle, die er übernommen hat, notwendig ist, um zu einem Karma-Ausgleich zu kommen, wird er diese Arbeit gerne erfüllen.

☆☆

FRAGE 67

Wenn jemand von einem Dämon besetzt ist, kann er ja nicht mehr als er selbst handeln und dadurch auch sein Karma nicht mehr auflösen, oder?

Wenn ein Mensch „fremdbestimmt" handelt, ist das in aller Regel nicht durch einen Dämon gesteuert, sondern durch eine Seele, die in den unteren Astralebenen verweilt und von hier aus Einfluss nimmt – zum Beispiel verstorbene Eltern, die meinen, ihre zurückgebliebenen Kinder noch beeinflussen zu müssen. In diesem Fall verändern sich die karmischen Konten, um einmal diesen Ausdruck zu gebrauchen, zwischen dem fremdbestimmten Menschen und der Seele, die aus den feinstofflichen Ebenen Einfluss nimmt.

Sollte tatsächlich ein inkarnierter Mensch von einem Dämon besetzt sein, verändern sich die karmischen Verbindungen zwischen ihm und dem Menschen, der diesen Dämon geschickt hat. Es gibt keine Dämonen, die ohne die ursprüngliche Anweisung eines Menschen (Gott in Tätigkeit) auf der Erde existieren oder sich eines anderen Menschen bemächtigen/ihn als „Wirt“ aussuchen. Ob der durch einen Dämon beeinflusste Mensch Karma auf- oder abbaut, ist dann wiederum abhängig davon, wie die karmischen Konten zwischen den beteiligten Wesen vor der Besetzung aussahen.

☆☆

FRAGE 68

Wenn ich ab einem bestimmten Moment in meinem Leben einen „spirituellen Namen“ trage, unterstützt mich das beim Auflösen meines Karmas?

Jeder Name beinhaltet eine bestimmte Energie. Michael hat eine andere Energie wie Peter. Maria hat eine andere Energie wie Gabriele. Und Shambala hat eine andere Energie wie Aisha. In dem Moment, in dem ein Mensch beschließt, seinen Namen zu verändern, sei es durch einen „spirituellen Namen“ oder einen „Spitznamen/Nickname“, verändert sich seine Energie. Denn jeder Name ist ein wichtiger Bestandteil des Energiefelds Mensch, in dem die entsprechende Seele zu dieser Zeit, in diesem Leben inkarniert ist.

Entsprechend der Veränderung des Energiefelds, des Namens, kann natürlich das Bearbeiten von karmischen Feldern beeinflusst werden. Denn wenn sich deine Energie als inkarnierter Mensch verändert, kann das hilfreich sein bei den Vorhaben, die du für dieses Leben geplant hat.

☆☆

FRAGE 69

Mein Name ist ja wichtig. Wenn ich jetzt zum Beispiel heirate und einen anderen Namen annehme, kann mich das beim Abbauen des Karmas fördern oder auch behindern?

Es ist der gleiche Sachverhalt wie beim Tragen eines „spirituellen Namens“. Ab dem Moment, an dem sich der Name verändert, verändert sich die Energie dieses Menschen. Einen wesentlichen Unterschied gibt es: Der Vorname eines Menschen wird in der Regel wesentlich häufiger ausgesprochen als der Nachname. Jedes Mal, wenn ein Mensch einen Namen ausspricht, wird diese Form der Energie in Bewegung, Schwingung, Aktivität gesetzt. Wenn ich also den Namen Peter ständig in die Atmosphäre und in das Energiefeld des entsprechenden Menschen hineingebe, gebe ich ständig folgende Energie hinein:

„Petrus, du bist der Fels, auf dem ich meine Kirche bauen werde.“ Also: Petrus, der Fels. Der Verlässliche.

Der Nachname „Müller“ zum Beispiel beinhaltet die Energie des Malens, des Zerkleinerns, Grundlage für Nahrungsmittel oder andere kreative Prozesse zu schaffen, beispielsweise Steine malen, um Kies oder Steinmehl zu schaffen. Von daher ist das Verändern des Vornamens/Rufnamens von größerem Gewicht als das Ändern des Nachnamens.

Es gibt aber auch Verbindungen zu Namen über die Morphogenetischen Felder – denkt einmal an berühmte Namen eurer Geschichte, bei Sportlern „Franz Beckenbauer“, bei politischen Menschen wie „Albert Schweitzer“ oder den Schauspieler „Karlheinz Böhm“, oder gar negativ belegte Namen wie „Hitler“, „Stalin“. Wenn jemand in solch eine Namensfamilie hineinheiratet und dadurch den Namen ändert, verändert sich natürlich auch diese Energie. Wenn eine Frau in eine Familie Beckenbauer einheiratet, wird sie sofort, wenn dieser Name genannt wird, immer mit dem Sportler in Verbindung gebracht, obwohl keine direkte Verbindung besteht. Wer auf der Erde den Namen Hitler trägt, wird immer mit dem Namen Adolf Hitler verknüpft werden. Bewusst oder unbewusst wird er immer unter diesem Energieschub stehen und beeinflusst, den der Name automatisch auslöst.

Also, wie beim Verändern des Vornamens/Rufnamens, verändert sich beim Ändern des Nachnamens auch die Energie eines Menschen und hat somit Einfluss auf seine Möglichkeiten innerhalb der Bearbeitung seiner karmischen Verbindungen/Verstrickungen.

☆☆

FRAGE 70

Des Öfteren wird eine „Nahrungspyramide" gelehrt, bei der Nahrungsmittel eingestuft sind, in wieweit sie jeweils Karma aufbauen oder abbauen, wenn man sie zu sich nimmt. Stimmt es, dass allein durch das Essen von zum Beispiel Blumenkohl schon etwas mit meinem Karma geschieht?

Blumenkohl ist eine Pflanze. Und wie alle anderen Pflanzen und Tiere sind diese Wesenheiten von Seiten des Vaters als Hilfsmittel der Menschen geplant und werden als solche zur Verfügung gestellt. Oder, anders gesagt: Sie stellen sich zur Verfügung. Selbstverständlich besitzen Pflanzen und Tiere eine Seele. Selbstverständlich ist es bei Pflanzen und Tieren so – das haben wir bereits an anderer Stelle erklärt –, dass sie eine Gruppenseele haben. Das Entscheidende beim Umgang mit diesen Hilfsmitteln ist, wie respektvoll sie genutzt/gebraucht werden. Es ist für fast alle Menschen notwendig, ihrem Körper Energie in feststofflicher Art und Weise zuzuführen. Der menschliche Organismus ist so aufgebaut, dass er, um seine Arbeit für die Seele zu erfüllen, Vitamine, Enzyme usw. benötigt. Diese werden dem Körper in aller Regel über feststoffliche Nahrung zugeführt.

Aus dem Blickwinkel des Karmas ist es entscheidend, wie verantwortungsvoll der einzelne Mensch vorgeht, wenn er sich seine Nahrungsmittel beschafft. Es geht beim gesamten Weg der Evolution, des Aufstiegs, darum, sich zu entscheiden, und zwar aus dem Blickwinkel der Liebe, der bedingungslosen Liebe. Dazu gehört auch die Selbstliebe. In Bezug auf Nahrung sind also als Erstes zwei grundsätzliche Dinge zu betrachten: Es gibt Nahrungsmittel, die einzig und allein dem Zweck dienen, den Körper zu erhalten. Und es gibt Nahrungsmittel, die „schmecken", also ein Genusspotenzial enthalten. Also ... ich brauche bestimmte Nährstoffe, die mir ein Mindestmaß an Vitaminen zuführen, zum Beispiel Äpfel und Birnen. Es ist aber nicht unbedingt überlebensnotwendig, Kiwis oder Bananen zu essen. Wenn ich diese Nahrungsmittel für sich alleine betrachte, erhebt sich die Frage: Ist es für mich notwendig, dass ich Nahrungsmittel zu mir nehme, die lange Transportwege hinter sich haben? Bananen zum Beispiel aus Mittelamerika, Kiwi möglicherweise aus Neuseeland. Allein für den Erhalt des feststofflichen Körpers sind sie nicht notwendig. Aber auch die Lebensfreude, die Selbstliebe, will und soll genährt werden. Von daher hat der Genuss von einem „Bananen-Split“ in der italienischen Eisdiele im Sommer bei 30 Grad im Schatten durchaus seine Berechtigung.

Die nächste Frage, die dahintersteckt: Habe ich als in Mitteleuropa lebender Mensch die Möglichkeit, Einfluss auf die Anbaubedingungen von Bananen zu nehmen? Kann ich überprüfen, unter welchen Gesichtspunkten diese Bananen geerntet werden? Wenn ich zum Beispiel Kenntnis erlangen würde, dass eine bestimmte Firma Bananen in Europa auf den Markt bringt, die durch ausbeuterische Arbeit, zum Beispiel Sklavenhaltung, Kinderarbeit, geerntet und hier deswegen superbillig verkauft werden, ist der Mensch/die inkarnierte Seele gefragt, ob sie um diesen Preis ihren Genuss rechtfertigen will. Das Gegenbeispiel dazu ist: Indem ich als Mitteleuropäer meinen Genuss befriedige, sichere ich Arbeitsplätze auf den Bananen-Plantagen in Mittelamerika.

Du siehst, geliebte Seele, es gibt mannigfaltige Gesichtspunkte, den Verzehr von Lebensmitteln, von Pflanzen zu betrachten, auch aus karmischer Sicht. Allerdings ist keine Karotte/Mohrrübe/gelbe Rübe von Grund auf besser für das Karma als eine Kartoffel oder eine Johannisbeere schlechter als eine Kirsche. Pflanzen sind Pflanzen, in ihrer Gesamtstruktur unterliegen sie den Gesetzen des Karmas in allererster Linie über die damit verbundenen Anbindungen an die Menschen, wie ich es oben erklärt habe.

FRAGE 71

Sind Fleischesser grundsätzlich von der Meisterschaft ausgeschlossen, weil sie durch das Essen von Fleisch ihr Karma nicht auflösen können?

Hier gilt im Prinzip die gleiche Betrachtungsweise wie bei Obst und Gemüse. Es ist entscheidend, ob ein Mensch für seine Entwicklung, für sein Leben, Fleisch braucht und sich ernsthafte Gedanken über den Ursprung des Fleisches macht. Was lässt sich für ihn in Erfahrung bringen, was entspricht seinem Wissen über die Aufzucht, die Pflege, den Transport und letztendlich auch das Schlachten des Tiers. In wieweit kann er hier verantwortungsvoll handeln?

Menschen, die Fleisch essen, können selbstverständlich die Meisterschaft erlangen, denn möglicherweise geht es in diesem speziellen Leben nicht um den Lernprozess „Wie lebe ich als Vegetarier, Veganer oder jemand, der ausschließlich Nüsse und Beeren isst?", sondern sie haben andere Lernziele, und diese erfordern möglicherweise ihre komplette Konzentration, sodass sie sich nicht auf den Aspekt der Nahrung in dem Maße konzentrieren und ausrichten können. Auch hier gilt der freie Wille der Seele: In welcher Reihenfolge will ich etwas lernen?

Vielleicht hat ein in diesem Leben inkarnierter Fleischesser schon einhundert Leben als Vegetarier hinter sich, wobei es bei diesen einhundert vegetarischen Leben um möglicherweise gezwungenermaßen vegetarische oder um freiwillig gewählte vegetarische Lebensformen geht, sodass er sich in diesem Leben mit anderen Themen beschäftigt.

Bedenkt bitte in diesem Zusammenhang: Wer sich in Mitteleuropa, in dieser Kultur der überwiegenden Fleischesser, vegetarisch ernähren möchte, muss sehr viel Zeit aufbringen, um zu lernen, mit vegetarischer Nahrung die körperlichen Bedürfnisse für einen gesunden feststofflichen Körper zu befriedigen. Er muss lernen, in welcher Zusammensetzung seine vegetarische Nahrung sein muss, damit alle Nährstoffe, die sein Körper braucht, diesem auch zugeführt werden. Er braucht also sehr viel Zeit, um sich dieses Wissen anzueignen, und dann unter Umständen die gleiche Zeit, sich diese Nahrungsmittel zu beschaffen.

Ich möchte diese Gelegenheit dazu nutzen, alle Vegetarier darauf hinzuweisen, dass sie, wenn sie Menschen betrachten, die sich nicht nur vegetarisch ernähren, dieses immer aus dem Blickwinkel der bedingungslosen Liebe heraus tun sollten. Und selbstverständlich gilt genauso: Fleischesser, schaut genauso in bedingungsloser Liebe auf die Vegetarier. Es gibt wenig Gelegenheiten im Zusammenleben von Menschen, so schnell auf Fanatismus oder auch verächtliches Herabschauen zu treffen, wie bei diesen beiden Menschengruppen.

FRAGE 72

Haben Steine ein Karma?

In gewisser Weise muss ich antworten: Ja und nein. Steine können von sich aus kein Karma aufbauen, da sie keine aktiven Entscheidungen treffen, die unmittelbar einen Menschen, eine Seelengruppe oder sonst jemanden beeinflussen können. Wann immer eine Pflanze, ein Tier oder ein Mensch auf Steine trifft, ist die Entwicklung des Steins in aller Regel schon viele tausend Jahre beendet. Steine sind die Lebensform auf Mutter Erde, die am langsamsten wächst. Also, wenn andere Lebewesen auf Steine treffen, sind sie bereits einfach vorhanden. Und da sie bereits vorhanden sind, können sie nicht mehr aktiv in die Prozesse der Menschen eingreifen, also in keiner Weise Kama aufbauen.

Andersherum: Menschen können Steinen gegenüber Karma aufbauen. Das ist zum Beispiel in Atlantis geschehen und passiert auch heute immer wieder, indem Menschen Steine in einer Form gebrauchen, zum Beispiel – zum großen Teil unwissentlich – mit bestimmten Energien aufladen. Das ist aber relativ selten der Fall und im Zuge dieser Gesamtsammlung zum Thema Karma ein zu vernachlässigender Aspekt. Wann immer ein Mensch ein anderes Wesen missbraucht oder sich ihm gegenüber unkorrekt verhält, baut er Karma auf. Aber die Steine gehören zu den Naturwesenheiten, und so fällt dieser Teilbereich „Karma gegenüber Steinen“ in den Gesamtzusammenhang „Karma, aufgebaut gegenüber der Natur, den Naturwesenheiten“.

☆☆

FRAGE 73

Soll durch Karma mein Horizont erweitert werden?

Karma ist kein Hilfs- oder Lernmittel wie eine Schiefertafel oder ein Computerprogramm und kein Lehrmittel wie ein Buch. Karma ist wie ein Konto, das ausgeglichen werden will. Wenn jemand sich für sein Leben einen großen „Karmaklotz“ herausgesucht hat, den er in diesem Leben abarbeiten, auflösen, bearbeiten will, hat er, wenn er diese Arbeit beendet hat, sicherlich seinen Horizont, sein Wissen, seinen Weitblick erweitert. Aber Karma ist nicht dafür gedacht, als Lern- oder Lehrmittel zur Verfügung zu stehen, sondern einfach eine „Kontenführung“.

☆☆

FRAGE 74

Warum scheint es so, als ob das Bewusstsein für Karma plötzlich bei vielen Menschen vorhanden ist?

Es gibt immer mehr Menschen weltweit, die sich mit dieser Art von spiritueller Entwicklung beschäftigen. Wer sich mit dem bewussten spirituellen Entwicklungsprozess beschäftigt, stößt zwangsläufig zu irgendeinem Zeitpunkt auf den Begriff Karma, da dieser in allen Lehren eine relativ große Rolle spielt. Daher werden es immer mehr Menschen, die mit dem Begriff Karma konfrontiert werden und anfangen, sich damit auseinanderzusetzen.

Es hat nichts damit zu tun, dass sich die Frequenz von Mutter Erde verändert oder sonstige äußere Einflüsse hier Geltung erlangen, sondern es ist eine natürliche Entwicklung aufgrund der Tatsache, dass immer mehr Seelen gleichzeitig auf dem Planeten Erde inkarniert sind und so der Anteil der spirituell arbeitenden Menschen entsprechend größer ist. Um es anders zu sagen: Dadurch, dass die Bevölkerung der Erde permanent zunimmt, nimmt auch die Zahl der spirituell arbeitenden Menschen zwangsläufig permanent zu. Zehn Prozent von einer Million ist schlichtweg weniger als zehn Prozent von zehn Millionen. Auf der anderen Seite ist es so, dass der Prozentsatz der Menschen, die sich bewusst mit spiritueller Entwicklung und spirituellen Themen beschäftigen, in weiten

Teilen der Welt ständig zunimmt. Vor allen Dingen in Nordamerika, Europa, der sogenannten westlichen Welt, steigt das Interesse an dieser Form der Entwicklung ständig. Dadurch werden es immer mehr Menschen, die sich mit dem Begriff Karma beschäftigen.

☆☆

FRAGE 75

Ist Karma etwas rein Menschliches?

Der Aufbau von Karma bedingt bewusste Entscheidungen. Da nur der Mensch bewusste Entscheidungen trifft, ist nur der Mensch in der Lage, Karma aufzubauen. Dass, wenn er Karma aufgebaut hat, zu bestimmten Dingen, Erdteilen, Städten usw. dann trotzdem ein karmisches Verhältnis besteht, ist ein anderer Sachverhalt. Mutter Erde als Ganzes ist ein lebendes Wesen. Aber innerhalb ihrer Wesenheit gibt es viele unterschiedliche energetische Orte, die besondere Energien beherbergen. Diese Orte haben ein eigenes Energiefeld, das auch dadurch immer wieder genährt wird, dass die Menschen der heutigen Zeit diese Orte immer wieder mit Energien versorgen. Ich will hier einmal zwei Beispiele nennen, damit ihr versteht, worum es geht:

Nehmt das Konzentrationslager Auschwitz, das

schon lange nicht mehr existiert, aber selbstverständlich existiert noch der Ort, an dem es einmal war beziehungsweise wo heute die Gedenkstätte ist. Millionen Menschen haben diesem Ort eine bestimmte Energie zugeschoben, und es wird noch sehr viele Jahre, Jahrzehnte, wahrscheinlich Jahrhunderte so sein, dass Kinder in der Schule mit diesem Ort, diesem Namen, dieser geographischen Region konfrontiert werden, mit ihrer Geschichte, und auch in hundert Jahren diesem Namen noch eine Energie zuschieben wie „Grausamkeit, ungerecht, unfair, Mord, Totschlag, Hunger, Ausbeutung usw.“. Das heißt, dieser Ort wird unter dieser Energie noch sehr lange „leiden“. Karma gegenüber diesem Ort haben in erster Linie die Menschen aufgebaut, die ihn in dieser Qualität geschaffen haben. Der Ort leidet heute unter der Belastung und wartet natürlich darauf, dass dieses Karma irgendwann ausgeglichen wird.

Auf der anderen Seite gibt es einen Ort wie Lourdes, der ständig positiv besetzt ist, dem man ständig Heilung, Liebe, Erkenntnis, Fortschritt, also Energien zuschiebt, die nach eurem Empfinden positiv besetzt sind. Und selbstverständlich hat dieser Ort auch eine gewisse karmische Energie.

☆☆

FRAGE 76

Die Menschen haben doch auch ein Karma mit Mutter Erde auszugleichen, oder?

Die Menschen als Gesamtheit nicht, denn Mutter Erde hat sich als Entwicklungsobjekt für dieses Konzept Mensch zur Verfügung gestellt. Und die Menschen als Gesamtsumme können keinen Ausgleich des Karmas herbeiführen, denn Karma beruht auf dem freien Willen eines jeden Einzelnen. Es kann nur jeder einzelne Mensch sein Karmakonto mit Mutter Erde in Ausgleich bringen. Wer sich also auf Kosten von Mutter Erde zum Bespiel bereichert hat, wird dieses irgendwann ausgleichen müssen. Wer in irgendeinem Teil der Welt Bodenschätze aus der Natur holt, hat dafür die Möglichkeit, zum Beispiel als Goldwäscher in einem Fluss in Alaska mit einer Schüssel das Gestein auszuwaschen und kleine Nuggetstücke für sich zu finden. In diesem Fall beeinträchtigt er die Natur nur äußerst geringfügig. Wenn er jedoch beschließt, mit Hilfe von Sprengstoff ganze Berge abzutragen, beeinflusst er die Natur erheblich. Und die Natur ist letztendlich ein Stück von Mutter Erde. Wenn er jetzt sogar hergeht und versucht, dieses ausgesprengte Gestein mit Hilfe von Chemikalien zu waschen, zu sortieren, zu Trennungsprozessen zu kommen, und damit nicht nur durch die Sprengung die Natur beeinflusst, sondern möglicherweise riesige Flächen mit Chemikalien verseucht, hat er wieder ein anderes Karmathema mit Mutter Erde, mit der Natur. Er wird es irgendwann ausgleichen müssen. Aber dieser Ausgleich muss von den Menschen herbeigeführt werden, die überhaupt die Chance hatten, eine Entscheidung zu treffen, also verantwortungsvoll zu handeln. Entscheidend für den Aufbau von Karma ist immer: Hatte ich eine Wahlmöglichkeit? Und wenn ihr genau hinschaut, aus dem Blickwinkel der bedingungslosen Liebe, könnt ihr lernen, wie viel Wahlmöglichkeiten ihr als inkarnierte Menschen tatsächlich habt – unendlich viele. Es kommt nur darauf an, wie ihr die Prioritäten setzt.

☆☆

FRAGE 77

Müssen manchmal sehr viele Menschen auf einmal ihr Leben lassen, damit der Aufstieg der Erde sich schneller vollziehen kann und so das Karma mit Mutter Erde ausgeglichen werden kann?

Ihr geliebten Menschen, der Aufstieg, die Frequenzveränderung von Mutter Erde, ist niemals davon abhängig, dass Menschen sterben. Bei großen Naturkatastrophen, wie zum Beispiel bei dem Tsunami an Weihnachten, dem 26. Dezember 2004, bei dem viele tausend Menschen betroffen waren, geht es nicht nur um die Menschen, die dabei gestorben sind, sondern auch um die gesamten Veränderungen innerhalb des Natursystems in der betroffenen Region. Bei einem Tsunami geht es immer um Wasser, und bei Wasser geht es immer um Emotionen. Alle Menschen, die zu Tode gekommen sind, hatten in ihren emotionalen Feldern große Verwerfungen. Es ist für euch nur schwer vorstellbar, welch schwierige Arbeit es für die Führungsengel ist, dafür zu sorgen, dass die „richtigen" Menschen/Seelen zur entsprechenden Zeit am richtigen Ort sind – dafür zu sorgen, dass ein Mensch, der zwar eigentlich mitten in der Tsunami-Welle ist, gerade im entscheidenden Moment eine rettende Palme in der Nähe hat, sodass er möglicherweise der Einzige aus einem ganzen Dorf mit zweihundert Menschen ist, der dieser Welle nicht zum Opfer fällt. Oder dafür zu sorgen, dass die Urlauber aus Europa genau zu der Zeit ihren Urlaub dort verbringen und nicht eine Woche früher oder später.

Alle diese Naturkatastrophen sind Folgeerscheinungen des Umgangs der Menschen mit Mutter Erde. Es treten Spannungen auf in ihren Körpern, die sie nicht mehr anders bewältigen kann. Aber, um es klar zu sagen: Es hat nichts mit ihrem Aufstieg zu tun. Es hat nichts damit zu tun, dass sie sich verändert. Die Veränderungen in der Frequenz von Mutter Erde sind relativ geringfügig im Verhältnis zu dem, was sich auf der Erde insgesamt verändert. Mit anderen Worten:

Die toten Menschen anlässlich einer Naturkatastrophe sind keine „Opfer“, die gebracht werden müssen, damit Mutter Erde ihren Aufstieg bewältigen kann. Diese Menschen gleichen ihr Karmakonto zwischen sich und Mutter Erde aus, oder – und auch das ist ein wichtiger Aspekt – sie benutzen diese Gelegenheit, um ihr Karma mit anderen Menschen auszugleichen, ein Stück Ausgleich herbeizuführen oder eine von ihnen übernommene Arbeit als Lehrer fortzuführen.

Zum Beispiel: Ein Mensch, der während solch einer Naturkatastrophe geht/stirbt, hinterlässt in Europa, Amerika oder den betroffenen Gebieten eine Familie. Wie geht diese betroffene Familie damit um? Was kann sie dadurch lernen, dass ein Mitglied plötzlich nicht mehr da ist? Auch diese Lehrerschaft führt zu karmischen Ausgleichshandlungen und ist Bestandteil solcher Naturkatastrophen.

☆☆

FRAGE 78

Wenn es ein MUSS zum Ausgleich gibt, bedeutet das nicht automatisch, dass Karma negativ ist?

Ihr geliebten Menschen, es ist euch so schwer zu vermitteln, dass die Gesetzmäßigkeiten im Universum nicht werten. Die gesamte feinstoffliche Welt wertet nicht. Die Aufgestiegenen Meister nicht, die Engel nicht, und der Vater erst recht nicht. Alles, was geschieht, was euch widerfährt, was ihr tut, ist einzig allein darauf ausgerichtet, dass ihr als Seele, als inkarnierter Mensch, etwas lernt. Wenn ihr euch mit dem Hammer auf den Finger schlagt, tut das weh, und ihr übt eure Koordination. Wenn ihr diese Erfahrung nicht machen würdet, wüsstet ihr niemals, was Schmerz ist. Wenn ihr nicht üben würdet mit einem Hammer einen Nagel in ein Brett zu schlagen, würdet ihr nichts über die Gesetze der Schwerkraft, der kinetischen Energie, der Hebelwirkung oder sonstiger physikalischer Gesetze lernen.

Es ist so, dass jede Seele bei der vorgeburtlichen Vision Absprachen mit anderen Seelen getroffen hat, dass diese ihr zur Seite stehen, um bei der Erfüllung ihres Lernziels mitzuwirken. Denn ohne die anderen gäbe es keinen Lernprozess. Daraus ergibt sich ein energetisches Ungleichgewicht. Und das ist weder schlecht noch gut. Es ist einfach.

☆☆

FRAGE 79

Gibt es jetzt eigentlich gutes und schlechtes Karma? Jeder benutzt doch diese Aussage: „Das ist aber schlechtes Karma!“, oder?

Die Antwort hier ist letztendlich die gleiche wie bei der vorhergehenden Frage. Ich will es aber in diesem Fall noch ein wenig anders ausdrücken:

Es gibt Menschen, die sich für dieses spezielle Leben sehr viel vorgenommen haben, viele anstrengende Themen, schwierige Aufgaben und Lernprozesse. Unter Umständen haben sie dabei Partner, mit denen sie schon viele Leben gemeinsam zusammen auf der Erde verbracht haben. Es hat sich also hier möglicherweise auf einer Seite ein relativ großes Ungleichgewicht angehäuft. Jetzt kann es passieren, dass derjenige, der bei anderen Seelen „Schulden hat“, diese in diesem Leben zu einem großen Teil ausgleichen möchte. Er hat sich große Aufgaben gesucht und versucht, innerhalb dieser Lernprozesse auch viel Karma auszugleichen. Da er in diesem Fall derjenige ist, der viel „Leistung erbringt“, erscheint es so, als ob ihn ein besonders hartes Schicksal getroffen hätte. Das ist dann kein schlechtes Karma, sondern lediglich eine schwierige Aufgabe, die sich diese Seele vorgenommen hat.

Und es kann sein, dass eine Seele sich speziell eine schwierige Situation herausgesucht hat, nicht nur, um für sich eine Lernaufgabe zu bewältigen, sondern auch, um eine Lehrerschaft wahrzunehmen.

Stellt euch zum Beispiel vor, es gibt ein Elternpaar, das in vielen zurückliegenden Leben versucht hat, die Themen Geduld, Ruhe, Gelassenheit, Ausdauer, Zuversicht und Vertrauen zu bearbeiten, hierbei aber nie wirklich erfolgreich war. Wenn dieses Ehepaar jetzt ein Kind bekommt, das mit größeren Handicaps/Einschränkungen geboren wird, also zum Beispiel möglicherweise blind ist, im Rollstuhl sitzt, Glasknochen hat oder über eine geistige Einschränkung, eine Lernbehinderung verfügt, „zwingt" dieses Kind seine Eltern in die Themen „Geduld, Ruhe, Gelassenheit". Es muss also nicht sein, dass dieses Kind ein „schlechtes Karma" abarbeitet, sondern es hat sich möglicherweise als uralte Seele, die kurz davor ist, die Meisterschaft zu erlangen, bereit erklärt, diesen beiden Seelen (seine Eltern) als Lehrer zur Verfügung zu stehen. Dann ist es kein „schlechtes Karma", sondern ein riesiger Ausdruck von Liebe, den diese Seele ihren Eltern gegenüber lebt.

☆☆

FRAGE 80

Was ist Dharma? Ist das nicht das Gleiche wie „gutes Karma"?

Dharma ermöglicht es, karmische Konten auszugleichen. Dharma ist sozusagen das Werkzeug. Wenn eine Seele zum Ausgleich ihrer karmischen Konten den Beruf eines Arztes, einer Krankenschwester oder auch einer Reinigungskraft gewählt hat, ist das Krankenhaus, in dem dieser Arzt, diese Krankenschwester oder diese Reinigungskraft arbeitet, das Dharma. Es ist die Möglichkeit, Karma zu bearbeiten, auszugleichen.

☆☆

FRAGE 81

Wozu wurde Karma eigentlich „erfunden"? Damit meine ich: Wenn wir vor der ersten Inkarnation bereits reine, bedingungslose Liebe waren, wieso machen wir das überhaupt hier auf der Erde?

Jede Seele ist in ihrem Ursprung reine, bedingungslose Liebe. Das ist absolut korrekt. Aber die Seelen, die hier auf der Erde inkarniert sind und den Inkarnationsprozess beginnen, waren neugierig. Sie wollten wissen, wie es sich anfühlt, gestreichelt zu werden oder zu streicheln. Sie wollten wissen, wie ein gegrillter Maiskolben schmeckt oder eine Schweinshaxe. Sie wollten wissen, wie es sich anfühlt, schnell mit dem Auto zu fahren oder als kleines Kind Radfahren zu lernen und dabei zu fallen.

Ich denke, am Einfachsten ist es zu verstehen, wenn ich es euch an einem Rezept erkläre: einem wunderbaren, leckeren Kuchen. Und ich erkläre euch das Rezept in allen Einzelheiten, mit allen Mengenangaben usw. Ihr könnt euch das vorstellen und dann überlegen: „Es könnte sein, dass mir das schmeckt", oder „Nein, ich glaube, das schmeckt mir nicht." Aber dann seid ihr nicht wissend. Um wissend zu sein, also zu wissen, schmeckt es mir oder nicht, gibt es nur eine einzige Möglichkeit: den Kuchen backen und einen Bissen probieren. Und mit diesem einen Bissen fängt sozusagen der Reigen der Inkarnationen an. In dem Moment, in dem die Seele beschließt, Erfahrung machen zu wollen, um wissend zu sein, inkarniert sie das erste Mal, und der Aufbau von Kama beginnt.

☆☆

FRAGE 82

Auch wenn ich viel und gut am Auflösen meines Karmas arbeite, ist es oft so, als ob ich mich nur millimeterweise bewege. Warum ist das so?

Dieses Millimeterweise-Bewegen täuscht manchmal. Zum einen ist es so, dass viele Dinge von euch als inkarnierte Seele nicht im richtigen Zusammenhang gesehen werden. Und das, was euch als zäh und langwierig erscheint, sind in Wahrheit große Schritte. Zum anderen ist es so, dass gerade bei sehr komplexen Themen es manchmal unendlich lange dauert, bis man alle Schattierungen eines Themas wirklich erkannt hat. Und es ist so, dass, wenn eine Seele, ein inkarnierter Mensch, bewusst beschlossen hat, „dieses Thema gehe ich jetzt an", über die Führungsengel und das Universum arrangiert wird, dass alle Schattierungen dieses Themas jetzt auch angeschaut werden können.

Denkt zum Beispiel einmal an die vielen Arten, die es gibt, sich mit dem Thema Eifersucht zu beschäftigen. Das Auffälligste ist sicherlich die Eifersucht bei Partnern. Aber die Eifersucht unter Geschwistern, Arbeitskollegen, Nachbarn, anderen Familien usw. – hier gibt es tausend Schattierungen. Und bis ihr diese Schattierungen der Eifersucht alle bearbeitet habt, müsst ihr sie erst einmal finden. Allein dieses Auffinden, wo sich Eifersucht überall verstecken kann, dauert manchmal sehr lange. Es ist also nicht so, dass man sich dann nur millimeterweise bewegt, sondern es nachher – gegen Ende eines Themas – auch um die Feinheiten, die Kleinigkeiten geht. Und diese sind manchmal sehr versteckt.

☆☆

FRAGE 83

Wenn ich etwas gar nicht auflösen kann, kann es sein, dass ich es letztlich gar nicht auflösen möchte?

Die freie Wahl der inkarnierten Seele ist der allerwichtigste Grundgedanke des Konzepts, warum Menschen auf der Erde inkarnieren. Diese freie Wahl besteht letztendlich aus zwei Komponenten.

Die eine ist das, was das Höhere Selbst als Plan verfolgt, also was die Seele sich anhand der vorgeburtlichen Vision vorgenommen hat, was sie festgelegt hat für dieses Leben, was bearbeitet werden soll, was vom Höheren Selbst verfolgt wird, das korrigierend immer wieder eingreift, wenn sich eine Seele vor diesem Thema „drückt". Ist das der Fall, versucht das Höhere Selbst immer wieder, auf dieses Thema aufmerksam zu machen, mit dem sich die Seele in diesem Leben beschäftigen wollte.

Die andere Möglichkeit ist, dass ein Thema so komplex ist und ihr als inkarnierte Seele immer nur an der Oberfläche herumkratzt und sich viele Dinge nicht bewegen, weil ihr euch scheut, in die Tiefe zu gehen und nach dem Kern, dem Ursprung des Problems, zu suchen.

Stellt euch vor, ein Mensch ist gleichzeitig alkoholkrank und jähzornig. Seinen Jähzorn will er schon seit vielen Leben bearbeiten, weil er diese unkontrollierten Wutausbrüche letztendlich in den Griff kriegen möchte. Das ist also der Plan für dieses Leben. Und das Höhere Selbst weiß genau, um wie viele Leben und Ausflüchte es sich schon handelt, die die Seele diesem Problem Jähzorn aus dem Weg gegangen ist. In diesem Leben hat die Seele gewählt, aus der Thematik Jähzorn, Zorn und Wutausbrüche zu flüchten, indem sie sich als Ausrede eine Alkoholsucht zugelegt hat. Wenn die Seele jetzt – sagen wir im Alter von 35 Jahren – beschließt, die Alkoholkrankheit anzugehen und feststellt, sie tut sich furchtbar schwer und meint, sie kommt keinen Millimeter weiter, dann liegt das zum einen daran, dass die Alkoholsucht nur als Ausrede, als Flucht gebraucht wird, um sich nicht mit dem Jähzorn beschäftigen zu müssen. Es hat also den Anschein, bei der Alkoholsucht geht es keinen Millimeter weiter. Aber es kann auch nicht weitergehen, so lange auf der anderen Seite nicht ernsthaft die Bekämpfung der Alkoholkrankheit gewollt wird, denn sonst müsste sie sich mit dem Jähzorn beschäftigen.

Wenn diese Seele also versteht, dass das Beschäftigen mit dem durchaus schwerwiegenden Problem des Alkoholismus der falsche Ansatz ist, und sie sich erst einmal um den Zorn und die Wut kümmern muss, wird es nicht nur millimeterweise vorangehen, sondern die Erkenntnisse werden geradezu hervorsprudeln. Es wird quasi eine Explosion der Erkenntnisse geben. Und am Ende haben sich nicht nur der Jähzorn und der Zorn aufgelöst, weil die Ursachen dafür bekämpft sind, sondern gleichzeitig der Fluchtmechanismus in den Alkoholmissbrauch.

☆☆

FRAGE 84

Ich habe erlebt, dass sich ohne mein Zutun uralte Dinge lösen. Ist das ein Karma-Geschenk?

Da die Geistige Welt nicht wertet, macht sie auch keine Geschenke. Aufgrund verschiedener Entwicklungen erreichen Menschen manchmal innerhalb eines Lebens einen Punkt, ohne es zu merken, an dem mit dem Auflösen eines einzigen kleinen Problems sich plötzlich eine Kette von Ereignissen in Bewegung setzt und sich viele Dinge wie von alleine lösen. Es ist wie bei den aufgestellten Dominosteinen. Stellt euch vor, ihr hättet ein Dominospiel auf einem bestimmten

Berg aufgebaut, und es würde dort warten, bis ihr kommt. Der Weg dahin ist steil, steinig, matschig, es regnet, es ist Gewitter, unangenehm, kalt und zugig, aber dann habt ihr es doch geschafft, kommt auf dem Berg an, tippt den Stein um, und er nimmt alle anderen mit. Und jeder umfallende Stein löst einen kleinen Schalter aus, der schon seit vielen Leben darauf gewartet hat, endlich berührt zu werden. Und wenn ihr euch vorstellt, dieser Schalter wäre ein Lichtschalter, geht euch plötzlich ein Licht nach dem anderen an/auf. Ihr erkennt Geschichten, Situationen, Zustände, auch Bedürfnisse, und es ist leicht, diese zu klären. Es ist dann also kein Geschenk, sondern etwas, das ihr vorher schon erarbeitet hattet, das dort quasi geparkt war und darauf wartete, von euch jetzt wieder bewusst in euer Universum integriert zu werden.

☆☆

FRAGE 85

Wo speichert die Seele dieses ganze Karma-Wissen, was ausgeglichen ist und was nicht?

Der Speicher für dieses Wissen ist letztendlich euer Höheres Selbst, der Teil eurer Seele, der nicht inkarniert ist. Dieser Teil weiß alles, vom ersten Gedanken bis zur letzten Erkenntnis. Und er hat dieses

Wissen ständig präsent. Er ist sozusagen in einem permanenten Bewusstsein, das alles weiß und zu allem, was es weiß, jederzeit Zugriff hat. Und so, wie es bei eurer Seele ist, ist es bei allen anderen Seelen auch, es gibt kein Stück Papier, keine Kontoverwaltung, keinen Computer mit Konten, die irgendwo diese Dinge verwalten würden. Jede Seele weiß es selbst.

Aber: Es gibt auch die Herren des Karmas. Sie sind vollkommen neutrale, in bedingungsloser Liebe ständig existierende Wesenheiten, die diese Erinnerungen, die ihr führt, begleiten und überwachen. Es ist so, also ob ihr einen Terminkalender hättet und genau wüsstet, dass ihr nächsten Montag Geburtstag habt. Auch wenn ihr es genau wisst, könnt ihr bei den Herren des Karmas noch einmal nachfragen, ob es tatsächlich so ist. Sie sind neutrale Beobachter, „führen ihre Bücher“ und überwachen, ob die karmischen Konten letztendlich ausgeglichen sind. Aber ich sage es noch einmal: Euer Höheres Selbst weiß alles, es ist sich aller Erfahrungen, die es gemacht hat, bewusst, weiß natürlich auch genau um die Umstände und braucht die Herren des Karmas nur als liebevoll kontrollierende überwachende Instanz.

Um es noch einmal in aller Deutlichkeit zu sagen: Die Herren des Karmas sind reine „Buchhalter“. Sie urteilen nicht. Sie werten nicht. Sie verteilen keine Aufgaben. Sie erkennen keinen Karma-Ausgleich an oder ab. Sie haben keinerlei hoheitliche Funktion nach eurer Vorstellung. Sie sind reine Buchalter.

FRAGE 86

Ist das Wissen über MEIN Karma auch in meinem physischen Körper gespeichert?

Ja, das ist es. Alles, was ihr seid und wisst, ist in jeder einzelnen Zelle eures feststofflichen Körpers verankert und manifestiert. Seit einigen Jahren eurer Zeitrechnung auf der Erde beschäftigen sich eure Schulmediziner mit dem Phänomen, dass Menschen nach Organtransplantationen ihre Wesenszüge verändern und teilweise Eigenschaften/Wissen haben, die/das sie vorher nicht hatten. Bei diesem Wissenstransfer, diesem Verändern von Eigenschaften, geht es nicht nur um die Wirkungsweise der Morphogenetischen Felder, die auch eine gewisse Rolle spielen, aber die ich hier – für die, die sich damit noch nicht beschäftigt haben – nicht weiter erklären kann, weil das ein eigenes Buch wäre –, es geht auch um den Transfer dieser eingelagerten Informationen in euren feststofflichen Körper. Wenn also ein Mensch eine Niere, eine Lunge, ein Herz oder auch nur eine Hornhaut für die Augen implantiert bekommt, erhält er automatisch die Informationen, die in diesen Zellen eingelagert sind.

Und da in jedem feststofflichen Körper auch das gesamte Wissen eingelagert ist, gelingt es manchen Menschen über bestimmte Meditationstechniken, an diese Informationen zu gelangen.

FRAGE 87

Ist es sinnvoll, Techniken zu erlernen, um Einblick zu bekommen in die Bücher der Herren des Karmas oder in seine eigenen karmischen Verpflichtungen?

Geliebte Menschen, ob etwas sinnvoll ist, setzt voraus, dass ich jetzt eine Bewertung, eine Wertung treffen würde. Aber auch hier gilt: Wir in der Geistigen Welt werten nicht. Ich will versuchen, es wertungsfrei zu beantworten.

Das Konzept des Lebens auf der Erde beruht darauf, dass ihr Dinge tut, Erfahrungen macht, diese erkennt und daraus lernt. Alle diese Entwicklungen unterliegen einem natürlichen Prozess, einem bestimmten Wachstumsweg, ein Schritt folgt auf den anderen, wie in der Schule. Ihr werdet eingeschult und lernt die Zahlen, das kleine Einmaleins, das große Einmaleins. Und irgendwann lernt ihr dann den Umgang mit Logarithmustabellen, das Wurzelziehen, geometrische Berechnungen usw. Alles erfolgt Schritt für Schritt. Wenn ihr jetzt also an dem Punkt seid, an dem ihr in der Schule gerade das große Einmaleins lernt und irgendjemand meint, er müsse unbedingt herauskriegen, wie man Wurzelberechnungen anstellt, gibt es sicherlich Möglichkeiten für ihn, sich einen Nachhilfelehrer zu suchen, der ihm das beibringt, die Frage ist nur: Wozu? Der Nachhilfelehrer könnte ihm auch sagen: Warte es ab. Irgendwann kommt die ganze Klasse an diesen Punkt. Bis dahin beschäftige dich lieber damit, dass das große Einmaleins sitzt.

Ihr geliebten Menschen, manchmal seid ihr ungeduldig, und damit – jetzt muss ich fast ein bisschen schmunzeln – baut ihr dann schon wieder Karma auf, weil ihr in eurer Ungeduld andere Menschen, andere Wesenheiten beeinflusst, euch nicht auf sie konzentriert, meint, ein bestimmtes Ziel verfolgen zu müssen, und wenn ihr es nachher anschaut, seht es unter dem Blickwinkel: Wozu? Für mein Ego? Für meine Eitelkeit?

Ihr geliebten Menschen: Geht in die Geduld und nehmt alle Dinge Schritt für Schritt, Stück für Stück. Jede Lernaufgabe, jede Technik, alles zeigt sich zur richtigen Zeit. Hört auf zu treiben und zu drängen. Es ist wie beim Autofahren. Wer im Fluss bleibt, kommt geschmeidig ans Ziel. Wer anfängt zu drängen, zu jagen, geht unnötig hohe Risiken ein und ist möglicherweise später an dem von ihm so streng angepeilten Ziel als derjenige, der im Fluss bleibt und sich geschmeidig dem Ziel entgegenbewegt.

☆☆

FRAGE 88

Wo wird all das Wissen über MEIN Karma gelagert, und wie habe ICH Zugriff darauf?

Alles Wissen über das Karma ist in eurem Höheren Selbst vorhanden, weil euer Höheres Selbst alles weiß. Außerdem gibt es die Akasha-Chronik, in der von jeder Seele, die gelebt hat und lebt, alle Daten, Informationen, Erfahrungen, letztendlich alles Wissen niedergelegt ist. Sie ist wie ein riesengroßes Gedächtnis. Und alle Erfahrungen, die euch persönlich betreffen, sind eingelagert in euren feststofflichen Systemen, in eurem feststofflichen Körper.

Um an diese Erkenntnis zu kommen, habt ihr als inkarnierter Mensch zwei Möglichkeiten: Entweder ihr lernt bestimmte Techniken, in euch selbst diese Informationen zu erforschen, oder ihr lernt Techniken, die Akasha-Chronik zu lesen. Die Technik, die Akasha-Chronik lesen zu können, wird aber nur sehr wenigen Menschen ermöglicht, denn mit dem Zugriff auf die Akasha-Chronik ist auch ein ungeheures Maß an Verantwortung verbunden. Und diese Verantwortung müsst ihr als Seele tragen und ertragen können. Dazu gehört sehr viel Erfahrung und ein hohes Maß an Fähigkeit, viele Stunden am Tag bedingungslose Liebe leben zu können. Denn diese Fähigkeit ist das Fundament, auf dem alles andere fußt.

FRAGE 89

Wenn wir tot sind, sind wir doch alle „im gleichen Schwingungszustand“, oder? Woher weiß meine Seele dann, was sie über mich wissen muss?

Wenn eine Seele inkarniert, inkarniert in diesem feststofflichen Körper, der gerade genutzt wird, nur ein Teil der kompletten Seelenenergie. Das, was in den feinstofflichen Regionen zurück bleibt, ist das Höhere Selbst. Dieser aktive lebende Seelenanteil, der jetzt deinen feststofflichen Körper „beseelt“, sammelt Erfahrungen und lernt. Wenn das Leben beendet ist, das erste Chakra seine Funktion gänzlich eingestellt hat und deine jetzt inkarnierte Seele/dein jetzt inkarnierter Seelenanteil den Körper verlässt, kehrt sie nach Überschreiten des Jordan/Styx/der Grenze bei den Herren des Karmas, in die in den feinstofflichen Welten zurückgebliebene Energie zurück (das Höhere Selbst). In dem Moment, in dem das passiert, verfügen alle Energieanteile der Seele wieder über das komplette Wissen. Jeder Seelenanteil verfügt über den gleichen Informationsstand, weiß also alles, was in den zurückliegenden Leben alles gelernt, verstanden wurde, gelebt werden konnte, und hat dadurch, dass sie bei den Herren des Karmas vorbeigekommen ist, auch die Information mitgenommen, was in diesem Leben aus den Plänen, die bei der vorgeburtlichen Vision gefasst wurden, geworden ist.

Welche Ziele also im letzten Leben erreicht wurden.

☆☆

FRAGE 90

Um Karma aufzulösen, muss man vergeben. Gibt es sonst noch etwas zu tun?

Vergeben hat etwas mit Schuld zu tun. Ich kann nur jemandem vergeben, der mir etwas schuldig ist, der also etwas schuldet. In den feinstofflichen Regionen wird nicht gewertet. Und wenn nicht gewertet wird, kann es auch keine Schuld geben. Kein Schulterklopfen für „das hast du aber fein gemacht", kein erhobener Zeigefinger für „das war aber nicht klasse". Alles ist, wie es ist. Alles ist ein Lernwert. Alles ist eine Erfahrung.

Also: Ich kann nicht vergeben, um Karma zu erlassen. Denn es wird nicht gewertet.

Wenn zwei beteiligte Seelen zu der Überzeugung kommen, dass das karmische Konto ausgeglichen ist, ist es so. Es erfolgt also im Zweifelsfall, um euren Sprachgebrauch zu nutzen, nicht das „Vergeben" von etwas, wo jemand „schuld" ist, sondern allenfalls ein „Verschenken", ein Erlassen der „Schulden". Wenn wir jetzt einmal wieder den Kontovergleich beim Geld als Beispiel nehmen: Wenn ein Enkel der Oma noch zehn Euro schuldet und die Oma sagt: Geschenkt, dann sind Schulden nicht vergeben, dieser Sprachgebrauch sollte hier nicht geführt werden. Es geht nicht um Schuld. Es gibt keine Schuldigen innerhalb der Gesetzmäßigkeiten des Karmas.

☆☆

FRAGE 91

Wie mache ich es am Schnellsten?

Tja, wenn wir hier in den feinstofflichen Regionen Humor hätten, müsste ich jetzt schmunzeln. Am Schnellsten geht Karmaausgleich durch diszipliniertes, kontinuierliches Arbeiten. Wer konzentriert, kontinuierlich, diszipliniert an den Themen arbeitet, die er für sich erkannt hat, schafft es am Schnellsten, vierundzwanzig Stunden bedingungslose Liebe zu leben. Je mehr ihm das gelingt, desto schneller löst sich seine karmische Disharmonie auf. Also, je schneller jemand es schafft, vierundzwanzig Stunden bedingungslose Liebe zu leben, desto schneller ist er in der Lage, den Ausgleich auf den karmischen Konten herbeizuführen.

Disziplin und ruhige kontinuierliche Arbeit sind der schnellste Weg.

FRAGE 92

Tun sich manche Menschen beim Auflösen von Kama grundsätzlich leichter?

Alle Seelen gehen in ihren Inkarnationen den gleichen Weg. Sie fangen mit groben Erfahrungen an, wie Einsatz von körperlicher Kraft, finanzieller Überlegenheit oder auch der Verfügbarkeit über Waffen/Macht. Je mehr Leben eine Seele auf der Erde zugebracht hat, je älter sie also nach euren Vorstellungen ist, desto mehr wächst auch ihr Bewusstsein für spirituelle Dinge. Und irgendwann überschreitet jede Seele eine Grenze, in der ihr klar wird, dass sie aktiv an ihrem Aufstieg, an ihrem Weg der Evolution arbeiten kann – und meistens etwas später auch die Erkenntnis, dass sie selbst aktiv arbeiten muss. Je nachdem, wie die Erfahrungspotenziale in den zurückliegenden Leben sind, hat diese Seele vielleicht zu diesem Zeitpunkt schon gelernt, dass Kontinuität, Übung, Durchhaltevermögen, Selbstliebe – also sich gegenüber Nachsicht zu üben, wenn ein Versuch gescheitert ist – die effizientesten Wege für den Aufstieg sind.

Wer erkannt hat, dass zur Selbstliebe auch gehört, sich nicht zu verurteilen für einen Versuch, der nicht gelungen ist, wie man sich das gedacht hat, tut sich – um diesen Sprachgebrauch zu benutzen – leichter, weil er sich nicht ständig verurteilt.

FRAGE 93

Kann man sich Karma wie ein Bankkonto vorstellen – mal ist es gedeckt, mal ist zu wenig drauf, mal kriegt man Zinsen und mal ist man zahlungsunfähig und verliert alles an Besitz?

Im Prinzip kann man sich Karma wie ein Bankkonto vorstellen. Allerdings nur wie ein Konto zwischen zwei Partnern, das kein Limit hat. Es ist durchaus möglich, dass auf der einen Seite ein großer Posten „Soll" angehäuft wird und sich dadurch automatisch bei dem anderen ein relativ großes „Haben" ansammelt. Aber es wird sicherlich in den nächsten Inkarnationen sehr zügig wieder ausgeglichen. Da dem Universum, den feinstofflichen Welten, den Gesetzen des Karmas keinerlei Wertung zugrunde liegt, kann es so etwas wie Zinsen nicht geben. Es kann auch niemand zahlungsunfähig werden oder gar seinen gesamten Besitz verlieren. Diese Begriffe sind mit Wertung verbunden, die es bei den Gesetzen des Karmas nicht gibt.

☆☆

FRAGE 94

Wenn ich aus karmischen Gründen krank bin, ist dann Heilung überhaupt noch möglich, oder muss ich die Krankheit ertragen?

Es gibt Erkrankungen, die innerhalb des feststofflichen Systems irreparabel sind. Jemand, der zum Beispiel blind auf die Welt gekommen ist, weil er in diesem Leben lernen möchte, ohne die optische Wertung zu leben und sich auf seine emotionalen Wahrnehmungen zu verlassen, kann, auch wenn er den Zweck erkannt hat, warum er in diesem Leben blind ist, normalerweise nicht plötzlich wieder sehend werden. Wenn aber das wesentliche Lernziel dieser Inkarnation als blind geborenes Kind erreicht ist, kann es durchaus sein, dass in manchen Fällen so etwas passiert, was eure Schulmedizin als Spontanheilung bezeichnet. Es gibt in euren Medien immer wieder Berichte über diese Wunder, die von euren Medizinern noch nicht nachvollzogen werden können, aber nach den Gesetzen des Karmas ist es möglich. Aber, ich möchte auch ganz klar sagen: Es ist sehr ungewöhnlich. Es ist die große Ausnahme.

Ihr geliebten Menschen, es ist dieses eine große Thematik innerhalb der Gesetzmäßigkeiten des Karmas, und auch wir aus den feinstofflichen Welten verfügen über so etwas wie Verantwortlichkeiten. Verantwortlichkeiten für unsere Schulungen und unsere Worte, die wir euch übermitteln. Ich möchte daher ganz klar sagen: Geliebte Seele, wenn du an einer schwerwiegenden Krankheit leidest und diese Worte vernimmst, dir diese Botschaft zugetragen wird, so schöpfe daraus Hoffnung und Kraft, verfolge dein Ziel, aber bedenke auch immer: Das, was du in diesem bewussten Zustand jetzt als erreichtes Ziel erkennst oder definierst, deckt sich nicht unbedingt mit dem Erreichen des Ziels, so, wie es dein Höheres Selbst gespeichert, wie deine Seele es insgesamt beschlossen hat. Wenn du dir für dieses Leben eine schwerwiegende Erkrankung herausgesucht hast, versuche, aus ihr den größtmöglichen Nutzen für deine Informationsbeschaffung, deinen Lernprozess zu ziehen. Konzentriere dich nicht ausschließlich auf das Erreichen dieses Ziels, wenn es nicht komplett mit dem Plan der gesamten Seelenenergie, dem gesamten Wissen, dem gesamten Plan für deinen evolutionären Aufstieg übereinstimmt.

Das, was eine Seele sich vorgenommen hat, ist manchmal sehr diffizil. Es kann sein, dass eine massive Erkrankung dazu dient, ihr Disziplin und Kontinuität abzuverlangen. Es kann aber auch sein, dass du, geliebte Seele, diese Krankheit gewählt hast, um in dieser Krankheit als Lehrer zu wirken. Dann wirst du bei größter Disziplin wahrscheinlich nicht aus dieser Krankheit aussteigen können, weil du gegenüber vielen anderen Seelen eine Verpflichtung als Lehrer eingegangen bist.

Zusammenfassend will ich noch einmal sagen: Ja, es ist möglich, auch aus schwerwiegenden Krankheiten körperlich zu gesunden, aber es ist die ganz große Ausnahme.

☆☆

FRAGE 95

Karma dient doch dazu, das Bewusstsein zu erweitern, meistens über Leid. Warum muss so viel Leid dabei sein?

Als inkarnierte Menschen habt ihr zwei Möglichkeiten, zu lernen: durch Erkenntnis oder durch Erfahrung. Wer sich entschieden hat, durch Erkenntnis zu lernen, wählt sicherlich den schmerzfreieren Weg, aber dieser Weg erfordert viel kontinuierliches An-Sich-Arbeiten. Dem gehen die meisten Menschen aus dem Weg. Die meisten verfolgen die gewohnten Wege so lange weiter, bis sie endgültig erkennen, dass sie auf diese Art und Weise ihr Ziel nicht erreichen können. Diese Erkenntnis ist in aller Regel mit körperlichen oder seelischen Schmerzen verbunden. Das, was in dieser Frage als „Leid“ beschrieben ist, ist also ein Mechanismus, der von euch selbst gewählt wird. Sein Leben, seine Lebensweise zu verändern, Erkenntnisse umzusetzen, erfordert Anstrengung.

Die meisten Menschen sind zu bequem, diesen Weg der Anstrengung zu gehen, und entscheiden sich erst dann dafür, wenn sie merken, dass der Leidensdruck so groß geworden ist, dass sie keine andere Möglichkeit mehr sehen.

„Leid“ ist also kein Bestandteil der Gesetzmäßigkeiten des Karmas, sondern ein Mechanismus, um euch Menschen dazu zu bringen, euch mit dem Begriff der bedingungslosen Liebe zu beschäftigen und dieses zu erarbeiten, zu erfahren, umzusetzen. Leid ist wie Schmerz. Es gibt Menschen, die pflegen ihr Leben lang ihre Zähne nicht. Sie putzen sie nicht. Sie gehen auch nicht zum Zahnarzt, um sie kontrollieren zu lassen. Manche erst, wenn richtige Zahnschmerzen sie dazu zwingen. Viele gehen selbst dann nicht zum Zahnarzt und betäuben ihre Schmerzen mit Tabletten, anstatt zu erkennen, dass die Schmerzen ein Warnsignal sind, ein Alarmsignal, dass im feststofflichen Körper etwas gewaltig in Disharmonie, in Unordnung ist. Dann verfallen die Zähne, und dadurch entsteht ein hohes Potenzial zur weiteren Schädigung des feststofflichen Körpers. Wenn diese Menschen also rechtzeitig auf die warnenden Signale der Schmerzen reagiert hätten, hätten sie sich später sicherlich weitreichende größere Schmerzen ersparen können. Denn wenn die Zähne nicht funktionieren, funktioniert die Nährstoffversorgung des Organismus nicht mehr richtig, und das hat weitreichende Folgen – von einer Schädigung des Magens, des gesamten Darmtrakts, bis zur Schädigung des gesamten Körpers, weil er nicht mehr ordentlich mit Nährstoffen versorgt wird. So ist es auch beim „Leid“ in Bezug auf Karma.

Wer anfängt, auf die ersten Signale, wie zum Beispiel „ich fühle mich nicht wohl in dieser Situation“ zu reagieren, kann sich viel Leid ersparen. Aber meistens reagieren die Menschen erst dann, wenn es „richtig wehtut“.

☆☆

FRAGE 96

Wenn ich in einer Situation leide, obwohl ich etwas tue, weil ich es gut meine, baue ich dann automatisch Karma ab?

Um bei diesen Worten zu bleiben: Das meiste Karma wird aufgebaut unter der Überschrift: „Ich habe es doch gut gemeint.“ Das, was ihr Menschen unter diesem Begriff versteht, ist, einem anderen Menschen nach EURER Auffassung etwas Gutes zu tun. Ob das für das Wachstum der Seele, der ihr etwas „Gutes“ tut, tatsächlich zielführend, zweckmäßig oder richtig ist, könnt ihr in aller Regel nicht beurteilen. Das weiß nur die Seele und ihr Höheres Selbst. Wenn ihr also selbst leidet, während ihr für andere etwas Gutes tut, mangelt es euch an Selbstliebe. Die Selbstliebe würde euch untersagen, etwas zu tun, worunter ihr leidet. Dass ihr etwas tut, was ihr für richtig haltet, euch aber unangenehm ist, ist eine Frage der inneren Einstellung.

Natürlich gibt es in jedem Leben, in jedem Wachstumsprozess Dinge, die man gerne macht, und Dinge, die man weniger gerne macht. Es gibt Dinge, die man als notwendig erkennt, wie zum Beispiel über Arbeit das Geld zum Lebensunterhalt zu verdienen. Wer sich allerdings sein Leben lang mit einer Arbeit quält, die ihm eigentlich zuwider ist, hat ein großes Defizit bei der Selbstliebe. Versteht ihr, was ich meine? Wer in seiner Arbeit oder an seiner Arbeitsstelle leidet, weil er es „gut" gemeint hat gegenüber seiner Familie, weil er dort besonders viel Geld verdient, sollte überprüfen, in wieweit seine Selbstliebe und das Liebesverständnis seiner Familie gegenüber tatsächlich im Gleichgewicht sind, und welches die Beweggründe dafür sind, eine ungeliebte Arbeit zu tun, an einem Platz, an dem er leidet. Ob in so einer Situation Karma abgebaut oder aufgebaut wird, ist abhängig vom „Kontostand".

Es kann sein, dass ein Mensch eine ungeliebte Arbeit macht, um seinem Partner ein Leben zu ermöglichen, das dieser sich wünscht. Also eine Arbeit, die viel Geld einbringt, dafür aber zum Beispiel lange Abwesenheit von zu Hause erfordert (Arbeit auf einer Bohrinsel oder auf einem Schiff), dafür der Partner zu Hause aber die Möglichkeit hat, teuren Hobbys nachzugehen. Ob jetzt Karma auf- oder abgebaut wird? Es kann sein, dass die Seele, die in diesem Leben den unangenehmen Part hat, nämlich unter Leid viel Geld zu verdienen, Karma ausgleicht, weil sie in einem Leben davor der Nutznießer einer solchen Situation war. Das würde dann zu einem Ausgleich der karmischen Verbindungen führen. Wenn eine Seele aber diese Arbeit annimmt unter der Überschrift: „Ich habe es nur gut gemeint und will meinem Partner den Himmel auf Erden bereiten", kann es sein, dass dadurch Karma aufgebaut wird. Denn möglicherweise hätte die andere Seele, die in diesem Fall vordergründig der Nutznießer der Situation ist, andere Dinge zu tun gehabt, andere Lernziele vorgehabt, beispielsweise: „Verdiene doch selbst Geld, geh selbst arbeiten und lass dich nicht immer von außen mit Geld versorgen." Also, geliebte Seele, du siehst, es ist nicht so einfach, diese Frage zu beantworten. Wie alle Fragen, die mit Karma zu tun haben, muss man genau hinschauen, hinfühlen, und sich überlegen, was hier richtig ist.

Höre auf dein Herz, auf deine emotionale Wahrnehmung. Wenn du etwas tust, worunter du leidest, ist das immer ein Alarmsignal.

☆☆

FRAGE 97

Ist Bewusstseinserweiterung per se schon Abbau von Karma?

Nein. Wissen, Bewusstseinserweiterung, bedingt keinen Abbau von Karma. Allein dadurch, dass ich etwas weiß, ist es noch nicht getan. Erst die Tat bringt den Kontoausgleich. Um noch einmal das Beispiel mit dem Geld zu nutzen: Einen Kontoauszug nur zu lesen und zu erkennen, dass irgendwo ein Minus ist, gleicht diesen Kontostand noch nicht aus.

☆☆

FRAGE 98

Manche lehren, dass Karma sowieso nie endet, weil es darum nicht geht. Es wäre einfach ein Prinzip der Erfahrung und Integration. Gibt es dazu etwas zu sagen?

Die Kernbotschaft dieser Frage ist, der Aufbau von Karma ist keine Frage von Schuld im Sinne von „du bist schuldig“. Denn es wird nicht gewertet. Karma entwickelt sich zwangsläufig durch das Zusammenarbeiten von zwei Partnern zwischen diesen beiden Partnern. Und wenn irgendwann das Endziel erreicht ist, was jede Seele eines Tages erreicht, nämlich bedingungslose Liebe ständig leben zu können, lösen sich die letzten Reste des Karmas auf.

☆☆

FRAGE 99

Ist zur Auflösung des Karmas nicht beständige Übung vonnöten, die Aneignung einer Geisteshaltung?

Letztendlich ja. Das, was hier als Geisteshaltung betitelt wird, ist letztendlich die Fähigkeit, permanent bedingungslose Liebe leben zu können. Das ist eine Frage des Seins, der Geisteshaltung. Denn das Bewusstsein steuert das Handeln eines Menschen, die Entscheidungen im Zentrum seines Universums, in der Mitte seines Herzchakras, in bedingungsloser Liebe zu treffen. Das ist die Übung. Also geht es darum, permanent in seiner Herzensmitte zentriert zu sein und aus dieser Zentrierung heraus eine Entscheidung zu treffen, die dann gelebt wird. Das ist das, was ihr Menschen als Geisteshaltung bezeichnet.

☆☆

FRAGE 100

Hat Homosexualität, gleichgeschlechtliche Liebe, etwas mit Karma zu tun?

Gleichgeschlechtliche Liebe hat in der Regel keinen karmischen Grund, sondern ist darauf zurückzuführen, dass diese Seelen meistens sehr alt sind und schon so viele Leben als Mann oder Frau gelebt haben, dass sie sich für dieses Leben nicht entscheiden konnten oder wollten, oder auch ganz bewusst die Erfahrung machen wollten, wie es ist, in einem männlichen Körper bewusst viel weibliche Energie zu leben oder umgekehrt. Oder wie ist es, in einem Körper, der für das andere Geschlecht extrem ansprechend und sexuell reizvoll ist, den Schönheitsidealen entsprechend zu leben, aber diesem Teil der Bevölkerung nicht zur Verfügung zu stehen. Welche Energien/ Anfeindungen/Schwierigkeiten ergeben sich daraus, und wie kann ich sie in bedingungsloser Liebe und in Selbstliebe meistern?

☆☆

FRAGE 101

Soll am Ende Sex nicht mehr gelebt werden, damit die Reinheit der Liebe gelebt werden kann? Es gibt ja viele, die lehren, dass Sex Karma aufbaut, weil es eine rein menschliche Begierde ist.

Sex ist eine der stärksten Emotionen, die innerhalb der Inkarnation als Mensch erzeugt werden kann. Wenn Sex als Instrument der Macht gebraucht wird, wird damit zweifellos Karma aufgebaut – so, wie jede andere körperliche Macht Karma aufbaut, wenn sie missbraucht wird. Wenn ich kräftige Oberarmmuskeln benutze, um einen Schrank zu verrücken, um damit jemandem eine Freude zu machen, hat das andere Auswirkungen auf das Karmakonto, als wenn ich die kräftigen Oberarme benutze, um jemandem Schläge anzudrohen, wenn er nicht das tut, was ich möchte. Genauso verhält es sich mit Sex.

Wer, egal, ob als Mann oder als Frau, seine sexuelle Leistungsfähigkeit dazu benutzt, einen anderen Menschen zu etwas zu bringen, das er sonst nicht tun würde, zum Beispiel ihn in Abhängigkeit zu bringen, baut zweifellos Karma auf.

Wenn eine sexuelle Zusammenkunft zweier Menschen unter dem Aspekt der bedingungslosen Liebe, gleichberechtigter Achtung, Wertschätzung, Respekt usw. erfolgt, kann es nicht nur eine lustvolle Verschmelzung der beiden feststofflichen Körper geben, sondern auch den Einklang der beiden Seelen, wenn sie zur gleichen Zeit in der gleichen Frequenz schwingen. Das kann höchstes Glücksgefühl erzeugen. Wenn beide beteiligten Seelen gleichzeitig das gleiche Maß an Zufriedenheit, Glück und Liebe erleben und empfinden, entsteht kein Karma, denn das Karmakonto zwischen den beiden ist in diesem Moment direkt ausgeglichen. Aber, und hier weise ich noch einmal ausdrücklich auf das vorher Gesagte hin: Wenn einer der beiden Partner über Techniken verfügt und diese dazu nutzt, dieses Glücksgefühl herbeizuführen und **dadurch eine Abhängigkeit bei dem anderen entsteht**, ist sehr schnell wieder ein karmisches Ungleichgewicht vorhanden.

☆☆

FRAGE 102

Kann ich den Moment spüren, in dem mein Denken und Handeln Karma aufbaut?

So lange ein Mensch es nicht schafft, vierundzwanzig Stunden am Tag bedingungslose Liebe zu leben, baut er zwangsläufig immer wieder in irgendeiner Form ein karmisches Ungleichgewicht auf. Es ist also sozusagen ein Dauerzustand, der aber, weil er permanent vorhanden ist, von den Menschen in der

Regel nicht registriert wird. Wenn plötzlich der Gedanke aufkommt, dass hier jetzt Karma auf- oder abgebaut wird, bewegt sich diese Energieverschiebung auf den Karmakonten schon in relativ „gewichtigen“ Größenordnungen. Je sensibler ein Mensch ist, je mehr er bewusst auf diese Aspekte seines Handelns achtet, desto früher kommt er in die Erkenntnis, wann er gerade Karma auf- oder abbaut. Es ist ein natürlicher Prozess. Je mehr ein Mensch es schafft, seine Frequenz anzuheben und bedingungslose Liebe zu leben, desto eher ist er in der Lage zu erspüren, zu erahnen, zu fühlen, wann sich Bewegungen auf den Karmakonten ergeben.

☆☆

FRAGE 103

Gibt es eine Art „Vorwarnung“, mit der ich mich verbinden kann, um rechtzeitig die Bremse zu ziehen und kein Karma aufzubauen?

Diese Vorwarnung würde voraussetzen, dass du, geliebter Mensch, dich vierundzwanzig Stunden in dem Zustand der Meditation befindest, das heißt, vierundzwanzig Stunden permanent mit deinem Höheren Selbst verbunden bist, und dieses würde ständig sagen: „Vorsicht, Karmaaufbau. Vorsicht, Karmaaufbau.

Vorsicht, Karmaaufbau. Vorsicht, Karmaaufbau."

Also, außer bewusst darauf zu achten, ob ich liebevoll handle und lebe, gibt es keine Möglichkeit, so etwas wie ein Frühwarnsystem für Karmaaufbau zu installieren.

☆☆

FRAGE 104

Für jemanden, der hellsichtig ist: Wie sieht mein Karma aus? Ist es ein Ausdruck in einer bestimmten Auraschicht?

Die fünfte und sechste Auraschicht werden auch in der Inkarnation als „Sitz des Karmas" bezeichnet. Wie in der Akasha-Chronik kann in diesen Auraschichten „gelesen werden", welche karmischen Verstrickungen und Unausgeglichenheiten vorhanden sind. Es gibt aber nur wenige Menschen, die inkarniert und in der Lage sind, diese Auraschichten zu lesen, noch weniger als diejenigen, die in der Lage sind, sich aus der Akasha-Chronik Informationen zu besorgen.

Es ist während des laufenden Inkarnationsprozesses nicht wirklich förderlich, ständig Zugriff auf seine karmischen Konten zu haben. Das, was hier bearbeitet werden soll, ist während der vorgeburtlichen Visionsbesprechung geklärt, mit den Beteiligten abgesprochen worden, und entspricht daher dem aktuellen Plan.

Geliebter Mensch, überlege dir, wie es wäre, wenn jeder vor sich eine To-Do-Liste hätte, die er nach eigenem Gutdünken abarbeiten könnte. Zu jeder Beeinflussung der karmischen Ausgeglichenheit gehört immer auch der zweite Partner. Und jetzt stell dir vor, du möchtest gerne an einer karmischen Belastung, Unausgeglichenheit, mit deinem Nachbarn arbeiten, der drei Häuser weiter wohnt. Dieser hat aber gerade beschlossen, sich um die karmischen Unausgeglichenheiten mit seiner Schwiegermutter zu kümmern – und diese wiederum ist gerade damit beschäftigt, mit ihrer Hausärztin die karmischen Unausgeglichenheiten zu bearbeiten. Jeder würde permanent die Planungen des anderen berühren, es würde ein heilloses Chaos geben, und vor allen Dingen unendlich viel mehr Karma, das abzuarbeiten wäre. Denn je nachdem, wer in dieser extremen Situation der Stärkere ist, setzt sich durch.

☆☆

FRAGE 105

Wenn ein Mensch stirbt, was geschieht dann mit den karmischen Einlagerungen in seiner feststofflichen Struktur?

Nach dem Tod lösen sich alle Anteile der Seele, alle feinstofflichen Anteile aus den feststofflichen Teilen des Körpers, und gehen ihren Weg. Der feststoffliche Körper zerfällt dann je nach Beisetzungsart, entweder er wird verbrannt und es bleibt etwas Asche übrig, oder er wird in der Erde eingegraben und zerfällt hier wieder in seine Bestandteile.

☆☆

FRAGE 106

Karma ist für mich irgendein Ereignis aus einem früheren Leben, das ich noch nicht verarbeitet habe und daher als Blockade in meinem jetzigen Leben wirkt. Beispielsweise ist in einem früheren Leben mein Kind in einen Brunnen gefallen und ertrunken. Nun wirken diese Blockaden, Erinnerungen, Schocks oder auch nur ein Teil davon in dieser Inkarnation, um sie jetzt aufzulösen, daran zu reifen oder zu lernen. Ist das so?

Nein. In diesem Fall besteht das karmische Ungleichgewicht zwischen der Seele, die als Kind in den Brunnen gefallen und dort ertrunken ist, und der Seele, die als Mutter oder Vater diesen Tod verarbeiten musste. Es ginge bei der Karmafrage also darum: Hat das Elternteil seine Aufsichtspflicht verletzt, seine Fürsorgepflicht nicht erfüllt, und das Kind ist deswegen in den Brunnen gefallen? Oder hat das Kind sich, außerhalb herrschender Normen, zum Beispiel in einem Brunnen oder Bach ertränkt, um sich zu opfern und den hinterbliebenen Familienmitgliedern die Möglichkeit zu geben, diese Form der Trauer kennenzulernen und zu bearbeiten? Das ist ein Teil des karmischen Aspekts. Der Schock bei den Eltern, die daraus resultierenden Blockaden usw. gehören in die Lernprozesse mit der bedingungslosen Liebe. Wenn die hinterbliebenen Eltern zum Zeitpunkt des Todes des Kindes in der Lage gewesen wären, vierundzwanzig Stunden bedingungslose Liebe zu leben, also absolut in ihrer Zentrierung gewesen wären, hätte sie der Tod des Kindes nicht geschockt. Also nicht die Blockaden gehören in die karmische Betrachtung, sondern das Verursachen derselben.

☆☆

FRAGE 107

Wenn im Laufe einer Inkarnation ein Mensch, eine Seele, mit so vielen anderen Seelen in Kontakt kommt und Karma auf- oder abbaut, wie kann es dann sein, dass eine Seele überhaupt „fertig“ wird mit dem Ausgleich ihrer karmischen Konten? Denn irgendein Mensch bleibt doch sicherlich übrig, der noch „eine Rechnung offen hat“ mit einer Seele, die eigentlich schon fertig ist mit dem Bearbeiten ihrer Konten.

Gott, der Vater, hat nicht umsonst eine „Truppe“ von Helfern für die Menschen geschaffen, die beim Bewältigen ihrer Vorhaben Unterstützung aus der Geistigen Welt benötigen. Eine der Gruppen, die den Menschen zur Seite stehen, sind die Führungsengel. Sie sorgen dafür, dass die Menschen, die Seelen, die sich abgesprochen haben und bestimmte Dinge gemeinsam erledigen wollen, zur richtigen Zeit am richtigen Ort sind, damit die gewünschten Ereignisse überhaupt geschehen können.

Aus der anfangs sehr großen Anzahl an Seelen, die miteinander inkarnieren und arbeiten wollen, verdichtet sich im Laufe der vielen tausend Inkarnationen ein immer kleiner werdender Kreis. Gegen Ende des Aufstiegswegs, also gegen Ende der letzten zu erwartenden Inkarnationen, wird der Kreis immer kleiner, sodass nur noch wenige Konten ausgeglichen werden müssen.

Je wissender eine Seele ist, je mehr sie es schafft, bedingungslose Liebe zu leben, desto mehr kippt oder schreitet sie aus der Position der lernenden Seele in die der lehrenden Seele. Das heißt, sie hat als relativ „alte Seele“ um sich herum „junge Seelen“, denen sie etwas zeigt. Um bei dem Bespiel Geld auf dem Konto zu bleiben, entsteht also auf der Seite der lehrenden Seele so etwas wie ein Guthaben. Wenn diese lehrende Seele dann quasi in ihrer letzten Inkarnation angekommen ist und vielleicht noch mit einem oder zwei Partnern „Kleinigkeiten“ auszugleichen hat, kann es sein, dass sie es tatsächlich schafft, diese letzten Dinge in Ausgleich zu bringen und sich aus dem Zyklus der Inkarnationen auf der Erde zu verabschieden und „ihren Schülern“ die möglicherweise noch vorhandenen Guthaben zu schenken. Manchmal merken es diese Seelen, manchmal nicht.

☆☆

FRAGE 108

Muss Karma immer „eins zu eins“ ausgeglichen werden? Muss also Mord mit Mord und Betrug mit Betrug ausgeglichen werden, um Karma aufzulösen?

Als wichtigste Voraussetzung zum Verständnis der Antwort dieser Frage möchte ich euch daran erinnern, dass das Universum nicht wertet, wir in den „Geistigen Welten", in den feinstofflichen Welten, nicht werten, und die nicht inkarnierten Seelenanteile auch nicht werten, so, wie ihr es als inkarnierte Menschen auf der Erde tut. Wenn sich jemand zum Beispiel mit dem Thema „Geschwindigkeitsrausch" beschäftigt, er also mithilfe irgendwelcher Hilfsmittel – Pferd, Fahrrad, Motorrad, Auto, Ski – austesten will, in wieweit seine körperliche Leistungsfähigkeit ausreicht, ein mechanisches Gerät zu beherrschen und damit hohe Geschwindigkeit zu erreichen, und dieses jedes Mal so ausreizt, dass er mit diesem Gerät einen tödlichen Unfall baut, dabei aber auch andere Menschen in Mitleidenschaft zieht, andere Menschen tötet, zum Beispiel bei einem Autounfall oder während eines waghalsigen Flugmanövers, kann es sein, dass diese Seele zehn oder noch mehr Menschen getötet hat. Es kann sein, dass diese beteiligten Seelen, die von diesem waghalsigen Menschen getötet wurden, nun als Ausgleich einen anderen Weg finden. Sie wollen zum Beispiel wissen, wie es ist, als Bankräuber ohne Arbeit zu Geld zu kommen und töten dabei einen Wachmann, Bankangestellten oder in der Bank anwesende Kunden.

Hier wäre das eine Töten ein Unfall und das andere nach eurer juristischen Auffassung ein Mord. Der Tötungsvorgang beim Unfall kann zum Beispiel unter anderem mit großen Schmerzen verbunden sein, wie bei einem Autounfall verbrennen oder sich

Verbrennungen holen und dann im Laufe von mehreren Wochen unter Umständen leidend zu sterben, währenddessen bei dem Banküberfall durch einen Schuss die Tötung sofort erfolgt. Nach den Gesetzen des Karmas wäre das durchaus als Ausgleich zu werten, was letztendlich die beiden untereinander entscheiden. Nach euren Wertvorstellungen wäre hier also nicht Mord durch Mord ausgeglichen.

Eine andere Möglichkeit besteht darin, dass in einer besonderen Konstellation als Ehepaar oder Eltern/Kind Seelen immer wieder aufeinandertreffen, zum Teil auch sehr kurz hintereinander, und ein und dieselbe Seele ein Problem hat, zum Beispiel mit Alkoholsucht. Und in diesem Zustand des Rausches, hervorgerufen durch die Alkoholsucht, die andere Seele immer wieder tötet – als Mutter, als Ehefrau, als Großvater, Großmutter, Kind usw. Dann würde quasi die eine Seele … sagen wir fünfmal zu Tode kommen durch das „Verschulden" der anderen Seele, muss jetzt aber nicht darauf bestehen, in anderen Leben auch fünfmal den vorherigen Alkoholkranken zu töten.

Also, Karmaausgleich muss nicht immer eins zu eins existieren. Manchmal liegen zwischen den Inkarnationen bestimmte technologische Fortschritte auf der Erde. So kann es sein, dass sich im Laufe von hundert oder fünfzig Jahren die Waffentechnik massiv verändert hat. Das heißt: Zwei Seelen sind aufeinandergestoßen im Kampf mit dem Schwert, und das nächste Mal, als sie aufeinandergetroffen sind, war das Schwert keine gängige Waffe mehr, mittlerweile gab es Pfeil und Bogen oder gar Pistolen oder Gewehre. Es wäre in diesem Sinn kein Eins-zu-eins-Karmaausgleich.

FRAGE 109

Kann ich Karma „gegen" mich/mit mir selbst aufbauen?

Nein. Karma ist der energetische Kontostand zwischen zwei Seelen. Eine inkarnierte Seele kann sich eine Thematik aufbauen, ein Problem, eine Problemstellung. Und diese kann sich im Laufe der vielen Leben so verzwickt, verwinkelt, vertrackt aufbauen, dass es einem wie eine karmische „Schuld" vorkommt. Aber es ist etwas, das Menschen für sich selbst ausgesucht haben. Ein Problem, das sie bis in die letzte Kleinigkeit erarbeiten wollen.

Zum Beispiel Selbstliebe/Selbstwertschätzung in Abhängigkeit von Geld. Das kann grob durch ein Leben in Armut erarbeitet und gelebt werden. Dann durch ein Leben, in dem relativ viel Geld vorhanden ist oder durch den Versuch, die Karriere, das Geld-Verdienen allem voranzustellen und darunter zum Beispiel Familie/Freundschaft leiden zu lassen. An Geld zu kommen über Spielsucht, über Unehrlichkeit, wie zum Beispiel Banküberfälle, Betrug, Steuerbetrug usw. Es gibt viele Möglichkeiten, sich mit dem Thema Geld, dem Wert von Geld und der eigenen Wertschätzung in Abhängigkeit von Geld zu beschäftigen. Und so kann es sein, dass ein Mensch in einem Leben sagt: „Ich scheine ein schlechtes Karma in Sachen Geld zu haben. Mir gelingt nie etwas, was mit Geld zu tun hat.“ Und wenn er dann genau hinschaut, geht es eigentlich nur um seine Selbstliebe in Abhängigkeit von Geld. Wenn er es schafft, seine Selbstliebe, seinen Selbstwert unabhängig vom Geld zu erkennen und zu leben, wird sich seine Geldproblematik schlagartig auflösen. Aber, wie gesagt, das ist dann kein Karma.

☆☆

FRAGE 110

Wodurch unterscheidet sich das Karma hier auf der Erde von dem, das ich in anderen Welten aufbaue/abbaue?

Karma, so, wie ihr Menschen es kennt und wir es in diesem Buch besprechen, gibt es nur und ausschließlich auf Mutter Erde. Das Konzept, das der Vater für die Erde entwickelt und festgelegt hat, ist, dass jeder Mensch die freie Wahl hat und aufgrund seiner Wahlmöglichkeiten zu Lernerfolgen kommt. Nur durch diese Voraussetzung ist es möglich, Karma aufzubauen. Wenn ich als Mensch, als inkarnierte Seele, eine Entscheidungsmöglichkeit habe, bin ich in der Lage, einer anderen inkarnierten Seele gegenüber ein energetisches Ungleichgewicht zu schaffen. Wenn ich diese Wahlmöglichkeit nicht habe, weil zum Beispiel alle Seelen zur gleichen Zeit die gleiche Erfahrung machen – das ist ein Konzept, das es auch im Universum gibt, wo alle Seelen miteinander verbunden sind und in dem Sinne keine individuelle Erfahrung machen, sondern alle zu einer Sekunde die gleichen Erkenntnisse und gleichen Lernwerte haben –, ist Karmaaufbau nicht möglich.

☆☆

FRAGE 111

Warum kommen Engel und Erzengel nicht, um ihre Erfahrungen hier auf der Erde zu machen? So wüssten sie doch vielleicht auch besser, was Emotionen sind, oder nicht?

Engel, und dazu gehören letztendlich auch die Erzengel, sind vom Vater als Wesen grundsätzlich komplett anders strukturiert als Menschen. Die Wesenheiten der Engel, genauso wie die Naturwesenheiten und andere Wesenheiten, über die wir noch nicht gesprochen haben, haben ihre spezifische Aufgabe. Die Aufgabe der Engel besteht darin, die Menschen bei ihren Prozessen auf der Erde zu unterstützen. Es ist NICHT ihre Aufgabe, Erfahrungen im Bereich der Emotionen zu machen. Deswegen inkarnieren sie auch nicht.

Wenn Engel inkarnieren, werden sie sogenannte „gefallene Engel". Das bedeutet, es ist ihnen nicht gelungen, während ihrer Arbeit den entsprechenden Abstand zu den von ihnen betreuten Menschen/Seelen zu halten. Sie sind also zu dicht in die emotionalen Felder der von ihnen betreuten Menschen geraten und dadurch aus ihrer Zentrierung und ihrem Gleichgewicht gekippt. Damit haben sie die Position der bedingungslosen Liebe verloren. Ihre Frequenz ist wesentlich langwelliger geworden. Sie verhaften also aufgrund des Verlustes, ständig die bedingungslose Liebe leben zu können, mit den Verstrickungen von Mutter Erde und den Menschen und geraten auf diese Weise, im Prinzip unfreiwillig, in den Kreis der Inkarnationen.

Es gibt also im Reich der Engel durchaus eine große Schar, die auf der Erde inkarniert war. Und es gibt auch zurzeit Menschen, deren Seelen-Ursprung aus dem Reich der Engel stammt und die jetzt als „gefallene Engel" ihre Erfahrungen auf der Erde sammeln. Und wenn sie auf der Erde wandeln, unterliegen sie den Gesetzen wie alle anderen Wesenheiten und bauen natürlich auch Karma auf beziehungsweise ab, in den entsprechenden Abfolgen der aufeinander abgestimmten Leben. Sie gehen dann also den Weg wie jede andere menschliche Seele.

☆☆☆☆☆

Nachwort von Metatron

Geliebte Leserin, geliebter Leser,

nun hast du 111 Antworten auf Fragen zum Thema Karma bekommen. Ich hoffe, dass deine Fragen nun auch beantwortet sind, in dir mehr Klarheit herrscht und du vor allem keine Furcht und Sorge mehr vor diesem Begriff, dieser Energie, diesem „Konto“ hast.

Karma ist etwas Natürliches – eine Energie, die zum Leben auf der Erde gehört wie Essen und Trinken. Betrachte Karma als etwas Normales und nicht als furchteinflößenden Begriff. Sei dir sicher, mit zunehmendem Wachstum deiner Seele baut sich Karma ab. Es ist wie im feststofflichen Leben: Als Kind machst du „Fehler“, begehst „Irrtümer“, gehst „Umwege“, und je älter du wirst, desto mehr lernst du, sie zu vermeiden. Wenn dein erstes Auto nach dem Winter, vom Streusalz angegriffen, anfängt zu rosten, lernst du, dass „Autowaschen“ seinen Zweck hat. Du wirst dein Verhalten ändern.

Schau dir an, wie Lernen und Wachstum in der „feststofflichen Welt“ ablaufen und erkenne, dass es in der „Feinstofflichen“ genauso ist. Du lernst, achtsamer zu sein, und die „Karmakonten“ werden ausgeglichener. Du lernst, immer mehr Liebe zu leben, liebevoll zu sein, und die „Konten“ gleichen sich an und aus. Je mehr du lernst, bedingungslose Liebe zu leben, desto ausgeglichener ist deine „Karmabilanz“, und irgendwann schaffst DU es, als die unsterbliche

Seele, die du eigentlich bist, IMMER – vierundzwanzig Stunden am Tag, jeden Tag, ALLE ZEIT – diese bedingungslose Liebe zu leben. Sei dir sicher, JEDE Seele erreicht diesen Zustand der immerwährenden bedingungslosen Liebe. Jede Seele schafft irgendwann den Aufstieg! So ist der Plan des Vaters. Es ist ein Vater voller Liebe, und er will, dass jede Seele diesen Aufstieg schafft.

Sei also achtsam bei dem, was du tust, sei vorsichtig mit deinen Gedanken, lerne, die Folgen deines Handelns zu erkennen und ziehe dann deine Schlüsse daraus. Schau auf dein Leben, DEINEN WEG, schau auf die Ergebnisse deiner Entscheidungen und entscheide neu. Dein Weg wird liebevoller, von Jahr zu Jahr, von Leben zu Leben, und deine „Konten“ werden ausgeglichener. Je achtsamer du bist, je mehr du dir Zeit nimmst zu erkennen: „Was würde die Liebe tun?“, desto schneller geht es. Im Universum, der feinstofflichen Welt, existiert Zeit nicht, also hast du Zeit ohne „Ende“. Was dir in diesem Leben nicht gelingt, gelingt dir halt im nächsten oder übernächsten oder...

Hab Freude, nicht Furcht. Sei mutig, nicht verzagt. Aber sei auch ACHTSAM, nicht „gedankenlos“. Dann gleichen sich alle „Konten“ mit der Zeit aus.

In LIEBE für dich,
METATRON

Birgit Maria und Peter Niedner

Das Buch der bedingungslosen Liebe

336 Seiten, A5, gebunden, mit Leseband

ISBN 978-3-941363-03-8

„Wir reden nicht über die Liebe zwischen Mann und Frau. Nicht über die Liebe, die zwei Menschen sich begehren lässt. Wir reden über weitaus mehr. Wir reden über Gott. Wir reden darüber, wie man Gott in sein Leben integriert, wie man ihn lebt." (Metatron)

Und wie dieses im Alltag ganz praktisch geschehen kann, bringen uns Metatron und Jesus in liebevollen und doch sehr eindringlichen Worten nahe:

„Und sollten dir Menschen begegnen, die nicht freundlich sind, dann lass dich nicht aus deiner Ruhe bringen, sondern wisse, auch sie sind Kinder Gottes, auch sie haben dieses leuchtende Licht in ihrem Herzen und aus bestimmten Gründen in diesem Moment gewählt, es nicht nach außen zu tragen, es nicht leben zu wollen… Aber du bist wissend. Und so schenke ihnen DEIN Leuchten."

Birgit Maria Niedner

Von Frau zu Frau

Metatron, Maria, Sananda, Hilarion ...

152 Seiten, Taschenbuch

ISBN 978-3-941363-53-3

Eine Frau zu sein – hier auf dieser Welt – ist manchmal nicht ganz leicht. Da du aber selbst gewählt hast, Frau zu sein, ist es das, was dich auf optimale Weise auf deinem Weg begleitet.

Unter der Schirmherrschaft von Metatron begleitet und unterstützt dich die Geistige Welt, damit du verstehst, dass es möglich ist, genau JETZT das zu leben, was göttliche Weisheit ausmacht. Du als Frau hier auf Erden. Fantastisches Hintergrundwissen für Frauen, die ihren spirituellen Weg gehen möchten und doch eingebunden sind in das Leben, in Familie und Struktur.

Patrizia Alexandra Pfister

Die Goldenen Schrifttafeln

Eine neue Schöpfung

336 Seiten, 170 x 240 mm, vierfarbig, gebunden, mit Leseband

ISBN 978-3-95531-031-8

Die Goldenen Schrifttafeln sind ein Teil der Universellen Bibliothek, der Akasha. Auf ihnen sind Informationen verzeichnet, die wir Menschen heute, in einer Zeit, in der wir eine Evolutionsschwelle überwinden müssen, unbedingt wissen sollten. Jeder Einzelne wird noch zu Lebzeiten in ein neues Wesen verwandelt, indem sein Energiesystem mit „Licht" gefüllt wird. Alles, was sich in diesem System befindet, wird so sichtbar – Dunkles wie Helles. Das gilt nicht nur für uns Menschen, sondern auch für Organisationen und sogar Nationen.

Durch die Sichtbarmachung geschieht Offenbarung. Nichts kann mehr verheimlicht werden, was bisher „unter den Teppich" gekehrt wurde.

Karin & Gerold Voß

Sanat Kumara – Die Erde ist behütet

All-Tag neu erleben

192 Seiten, A5, broschiert

ISBN 978-3-95531-030-1

Seit 2012 ist Gaia, die Erde, aufgestiegen und bietet somit die besten Voraussetzungen, damit auch die Menschheit kollektiv aufsteigen und dabei gemeinschaftlich die Erde zu einem Paradies entwickelt kann.

Die Botschaften der Geistigen Welt helfen uns, in den nächsten Jahren mit der Entwicklung, die auf der Erde geschieht, zurechtzukommen, ohne von uns selbst oder von außen zu sehr unter Druck zu geraten.

Ergänzende Meditationen und Beiträge der Aufgestiegenen Meister Saint Germain und Hilarion machen dieses Buch zu einem praktischen Begleiter in diesen Zeiten des Wandels.

Andrea Kraus

Aufstieg ist Illusion!

Erwecke das Gottes-Gen in dir

288 Seiten, A5, gebunden, mit Leseband

ISBN 978-3-95531-032-5

Wir sind in Berührung mit dem spiralförmigen Lichtuniversum der Zentralsonne, und es haben sich völlig neue Lichtdimensionen des Kosmos für uns geöffnet, deren Potenziale JETZT HIER sind. Daher ist der sogenannte „Aufstieg" ist nicht mehr länger unser Ziel. Etwas GANZ und gar Neues ist entstanden und entwickelt sich rasant in den nächsten Jahrzehnten auf der Erde und innerhalb der Menschheit. Wir tauchen ein in das neue, spiralförmige Bewusstsein und dringen so innerhalb des Prozesses schon in absehbarer Zeit bis zur 12. Dimension vor, die wir nunmehr als frei zugänglich vorfinden!
Also sind wir gerufen, unsere Lichtkörper zu aktivieren und mit Hilfe der Energien unsere DNS weiter zu entkodieren, um einen „einflussreichen" Schutz zu haben.

Ralph-Dietmar Stief

Die NEUE ENERGIE

Raus aus dem Hamsterrad

168 Seiten, A5, broschiert

ISBN 978-3-95531-029-5

Wir befinden uns inmitten einer neuen Zeitepoche, in der alte Strukturen immer mehr auseinanderbrechen. Die Dinge „funktionieren" nicht mehr wie gewohnt, und der menschliche Verstand stößt immer mehr an seine Grenzen.
Gleichzeitig finden wir gehäuft „seltsame" Phänomene in allen Lebensbereichen vor, und Lösungen treten auf unvorstellbare Weise in Erscheinung.
Verantwortlich dafür ist die NEUE ENERGIE, die keine begrenzende Polarität mehr erzeugt, sondern auf pure Ausdehnung gerichtet ist.
Anhand authentischer Beispiele wird klar und verständlich aufgezeigt, wo die bisherige Realität ihre Grenzen hat und wie uns jetzt die NEUE ENERGIE unmöglich erscheinende Wege eröffnet – zu einem erfüllten Leben, in dem wir unsere Wünsche schnell umsetzen und leben können.

Kerstin Reichl

Praktische Spiritualität für Ungeduldige

224 Seiten, broschiert

ISBN 978-3-95531-009-7

Ein Buch für alle, die in ihrem Alltag wenig Zeit zum Lesen finden, aber trotzdem an ihrer Selbsterkenntnis und der Entwicklung ihrer Bewusstheit arbeiten möchten.
Es vermittelt in kurzen, klar strukturierten Texten und Bildern Inhalte, die ins Bewusstsein führen. Denn nur aus der Selbsterkenntnis heraus ist es möglich, die alte, eingefahrene Spur zu verlassen, andere, bisher unbekannte Wege zu beschreiten, neue Erfahrungen zuzulassen, das Bewusstsein aktiv zu erweitern und so am eigenen Wachstum zu arbeiten.
Es geht um Praxis, Umsetzung und Anwendung, nicht um Theorie.

Daivika

Die Sprache der Götter

Meilensteine in die Ewigkeit

104 Seiten, broschiert

ISBN 978-3-95531-005-9

MUTTER MARIA, BUDDHA, KRYSTOS und HERA führen sanft an die ersten Meilensteine heran, füllen die Schatzkammer eines jeden Herzens und verbinden es mit der Schöpferkraft der Seele.
Jeder neue Meilenstein gibt die Möglichkeit, tiefer in die Heiligkeit des Lebens einzutauchen. LADY VENUS, SANAT KUMARA, SANANDA, BLUESTAR, SHANDRA, AMRITA, WHITE EAGLE und GÖTTIN HINA bereiten langsam auf den letzten Meilenstein vor, am dem die Göttinnen der Vierheit ISIS, NEPHTHYS, SELKET, NEITH zu einer Reise einladen, während dieser sich 147 Türen leise hinter uns schließen und der liebende Hauch des kosmischen Hauses sich sanft mit unserem Atem verbindet.